WHY I NO LONGER WRITE POEMS

რატომ აღარ ვწერ ლექსებს

Diana Anphimiadi

დიანა ანფიმიადი

WHY I NO LONGER WRITE POEMS

რატომ აღარ ვწერ ლექსებს

Translated by Natalia Bukia-Peters
and Jean Sprackland

poetry
translation
centre

BLOODAXE BOOKS

ISBN: 9781780375472

First published in 2022 by
Bloodaxe Books Ltd
Eastburn
South Park
Hexham
Northumberland NE46 1BS

in association with
The Poetry Translation Centre Ltd
The Albany, Douglas Way
London SE8 4AG

www.bloodaxebooks.com
www.poetrytranslation.org

This book has been selected to receive financial assistance from English PEN's PEN Translates programme, supported by Arts Council England. English PEN exists to promote literature and our understanding of it, to uphold writers' freedoms around the world, to campaign against the persecution and imprisonment of writers for stating their views, and to promote the friendly co-operation of writers and the free exchange of ideas.
www.englishpen.org

This publication has been supported by the European Union's Creative Europe culture programme which funds literary translations. The PTC is supported using public funding by Arts Council England.

Designed in Albertina by Tattersall Hammarling & Silk
Cover photograph © Dina Oganova
Cover design by Tattersall Hammarling & Silk
Printed in the UK by Bell & Bain Ltd, Glasgow, Scotland on acid-free paper sourced from mills with FSC chain of custody certification

Contents

INTRODUCTION

Diana Anphimiadi's paternal roots lie in Pontus, a historically Greek region on the southern coast of the Black Sea that once stretched form central Anatolia to the borders of the Colchis in modern-day Turkey. Her mother is Georgian, from the area known as Megrelia-Colchis, where the famous legends of the Golden Fleece, the Argonauts, Jason and Medea also originate. In this small area of the Caucasus, Georgian literature – and Georgian poetry in particular – has always been of central importance and its legacy, the urgency of expression and narrative allusions, can be felt in Anphimaidi's work. In the poem 'Silent Writing', for instance, she sets the myth of the Minotaur alongside the figure of Tariel, the hero of Shota Rustaveli's 12th century epic poem *The Knight in the Panther's Skin,* which is the zenith of the Georgian renaissance. Drawing from both Greek and Georgian literary heritages, she lets the two traditions literally fight it out in the poem. But the voice remains intimate and urgent despite the references, pleading: 'Bring love closer / bring autumn closer.' As well as male poets such as Rustaveli, the Georgian literary canon has important medieval women poets, such as the queens Borena and Ketevan, and Anphimiadi's poems of dramatic personae allow her to explore ancient and mythical female figures with a contemporary boldness of voice and perspective. This selection includes several poems where figures from myth, particularly classical Greek myth, speak back against the confinement of their stories. But the goddesses that Anphimiadi gives voice to are not the museum pieces from an overly familiar narrative but fully realised acts of heart-breaking intensity. In these poems the action takes place both within the ancient narrative and in contemporary female experience:

> Because I yielded to love
> I walk, for some an object of shame,
> for others a mirror. Whoever looks at me
> is turned to stone,
> frozen. ('Medusa')

Anphimiadi's ability to allow the contemporary notions of shame to collide with the received narrative of the snake-haired Gorgon makes for a potent read because it speaks for all time as well as today. This feels especially necessary given the historical silencing of female voices, particularly in the Soviet period which produced many wonderful Georgian women poets but restricted their role exclusively to writing for children. It is heartening to see Anphimiadi take her place alongside many other strong women poets from recent generations who are dramatically reshaping contemporary Georgian poetry.

It may not come as a surprise to the reader to learn that Anphimiadi is a trained linguist. Her poems are not only ingenious examples of linguistic expertise but often take language as their subject matter. Everything she writes is deeply concerned with language, with its power, effects and limits.

Even her most recent children's book is called *The Dictionary of Lost Words* (Artanuji, 2021). Her linguistic education began as a graduate from Tbilisi Ivane Javakhishvili State University, in the faculty of Georgian language, where she achieved her doctorate and progressed to working in the department for Comparative and Corpus Linguistics. One of the aspects that her training gives her is a keen sense of how meanings multiply and how two lines of thought can be expressed at once. One of the delights in reading her, and challenges in translating her, is to capture the interplay of themes, allusions and metaphors which mean that every reader takes something slightly different from her poems.

Anphimiadi is a master of rhetorical tropes and many of her poems are particularly invested in complex extended metaphors – such as 'Orchestra' where a train carriage becomes an orchestra of fellow passengers, the poet at once audience and conductor. At other times she points out the presence of metaphor even as she employs it, exploiting the artificiality of artifice. The poem itself – as a work of art, a form of representation – is, after all, a metaphor. Consider her poem 'Lesson':

> How to learn death from you?
> Studiously, and by heart.
> By looking at photographs –
> some of them work well
> as a magnifying glass for death.
> The worm crawling from the heart, fat
> on that soft bittersweet mush.

How can I learn death from you?
By putting metaphors in poems,
all out of place
and clumsy
like rouge on a corpse.

Here Anphimiadi knowingly observes what the poem itself is doing (just as, at the beginning of 'Poet in the Shower', she anticipates what the reader might be imagining from the title: 'If you're expecting frothy light / on silvery skin, a scene from a film, / you're going to be disappointed'). In the first of the stanzas quoted above, she introduces the powerful idea of looking at photographs as a magnifying glass for death, both arresting and emphasising the passage of time that is death's dominion. The violent image of the worm then disrupts this thought, only to be reconsidered in the following stanza as a rhetorical trope employed for very deliberate effect. She concludes the poem 'How do I learn death? / by remembering, always, this life.' Her sombre poem finding an affirmative, if qualified, resolution.

Many of Anphimiadi's poems are explicitly or implicitly concerned with the act of writing poems. In the 'Gardening for Beginners' the poet buries the metaphor deep into the soil of the poem. The poem's address, ostensibly given to a novice gardener, has startling visceral force:

Blood is the best feed, my dear.
Cut into the heart, the pulsing burdock root,
tear it open,

breathe steam into it
then wait, let it work…

Again, the poem encourages multiple concurrent readings. The garden nourished by blood, by heartache, can easily be read as the pain needed to make poems. Poems might seem to flow out of this poet with the ease of an exhalation but they may well have cost her blood: 'Let the words, words, words / Scatter on the wind'.

As a linguist Diana has a particularly deep concern for the language. Several of the poems in this selection worry at its erosion and explore the relationship between the written and unwritten word. They weigh the legacy of words on the wind versus the written or graven phrase. In the poem 'Endangered' she gives voice to these fears by letting a language speak as a character:

You know, so many like me
die every day –
some more perfect,
some more supple, or more ancient.
I still have a shred of hope,
but what about others –
those without writing?
Their graves have no inscriptions.

Anphimiadi's own language, Georgian with its ancient alphabet, will remain, even if its complicated grammar will be washed away by rain and so transformed. Many languages remain only through the footprints of their literature, as Gilgamesh does, for instance. It is not by chance that Anphimiadi refers to that hero of the epic poem from ancient Mesopotamia, the earliest notable literature and the second oldest religious text. His language is dead, but Gilgamesh has survived. In that epic poem he undertakes a long and perilous journey to discover eternal life and like Gilgamesh, the poet seeks eternal life for the language.

Life and death are the scale at which Anphimiadi's poems often operate. Her work doesn't flinch from the most fundamental human experiences. In 'Silent Writing' she writes of a woman dying from breast cancer. The title of the poem may well refer to the societal silence surrounding people dying from this illness in Georgia. Until recently cancer was not spoken about out loud, and even those being treated for it were not told informed of the cause of their illness. In the poem the tumour is represented by the prince Minotaur of Greek myth, the ferocious offspring of a bull and a woman who was kept in labyrinth to prevent him from devouring people as food. The woman's body becomes the prey for the Minotaur leaving no place for love, personified as Tariel, to survive. The poem refuses to console, ultimately the 'tumour blooms and spreads [...] to hasten the end'.

There is great honesty in Anphimiadi's approach to poetry, she doesn't pretend the terminally ill won't die, though her poems are often wonderfully tender too. Perhaps due to her one of her professions – teaching – Anphimaidi often writes about children. One of the most poignant poems in the selection is 'Children' which imagines a mother's fear for her child in a war zone. The safety of the world that the mother observes on television – children picking shells on a beach – is contrasted with 'children laid out in the street':

> side by side, in a row:
> white, black,
> like a dead spectrum,
> and their open eyes
> like rosary beads
> spilt by a priest.

Her own child's suffering brings an almost unbearable plea for mercy: '*Please don't hurt my child, | just kill him – |* that's my one wish.'

But whilst Anphimiadi's often tackles death and the most difficult subjects, her writing is always full of nuance, it never reduces the world to an explicable theory. Her tone and the varied texture of poetic address can be several things at once: sincere, emphatic, ironic. Even a poem like 'Persephone' is as much about the beginning of life as its end. Persephone is in many ways the embodiment of conflicted states. Abducted by Hades, she is condemned to remain in his domain when she tastes the pomegranate seeds of the underworld. Through her mother Demeter's entreaty, she is granted a portion of the year on earth and so brings with her the spring. Anphimiadi takes this story and intensifies the bodily metaphor:

> Above the waist I am Spring,
> below the waist I am Death.

The pomegranate seeds consumed are menstruations 'monthly harvest of drops of blood'. The poem's speaker explores the mystery of her body's sexuality, but is terrified of being judged and even killed for unfaithfulness to herself. This complicated reckoning with the twin narratives of modern experience and myth, with the senses and sensuality, is typical of Anphimaidi's inimitable style. She gives abstract thought a body, a pulse.

Natalia Bukia-Peters

მძინარე მზეთუნახავი

გამარჯობა, მე შენი ქვეყანა ვარ.
ამ კუბოს ბროლის სახურავი
კარგად დაორთქლე (რამე მითხარი)
და გულდაგულ გააპრიალე
(დიდი ხანია მზე არ ათბობს –
მხოლოდ ცრემლის წვეთში ბრიალებს).
ახლოს მოდი,
მე შენი დიანა ვარ,
სჯობს არ მაკოცო,
რადგან ბაგეზე გადაგივა პომადის კვალი –
ბოლო ღიმილი, ჩემი ბოლო შურისძიება...
მე მესმის შენი – რომ ჩემამდე მოსასვლელ ხის ცხენს
საგულდაგულოდ, დიდხანს ჩორკნიდი,
მე მტვრის ფთილაში გაგახედე –
მოგაწოდე ჩემი ჭოგრიტი...
პასუხებს ეძებ? ამოუსვი ამ მტვერში თითი-
თაფლიან ჯამში-
და მერე თვალებმოჭუტულმა დააგემოვნე..
ასე გაიგებ, მერამდენე სიზმარში ჩარჩი,
რისი მჯეროდა, ან რა მმოსავდა...
მე კი, უბრალოდ მხარს შევიცვლი,
ძილს გავაგრძელებ
შემდეგ ჯერამდე,
შემდეგ მოსვლამდე...

Sleeping Beauty

Hello, I am your country.
Breathe (whisper a word)
on the glass case of this coffin
and polish it well
(the sun has not warmed it in a long time –
the only glitters are teardrops).
Come closer,
I am your Diana.
Best not to kiss me
or you'll get lipstick on your lips –
the final smile, my last revenge.
I understand, you've worked long and hard
to carve that wooden horse you rode here.
I made you look back, through the dust of spun wool –
I even passed you my binoculars.
Are you looking for answers? Sweep your finger
in this dust, like a bowl of honey,
screw up your eyes and taste it.
Then you'll remember which dream you were in,
the dream I believed in, was clothed in.
And I'll just turn over
and go on sleeping
until the next time,
until the second coming.

პოეტი შხაპში

ვინც ლექსში სათაურს შემოჰყვა
ის მასვე გაჰყვეს
ვინც კანის ვერცხლისფერ ნათებას ელოდა
ან ქაფის ათინათს ან კადრებს ფილმიდან,
ლექსსაც ამ იმედით მოსდია აქამდე.
ეს კი ლექსია პოეტზე შხაპში
რომელიც დაღლილ სახეს უშვერს
წყლის თბილ ნაკადებს.
ვიცი, რომ ჯობდა ყოფილიყო
აგვისტოს წვიმა
და ამ პოეტსაც თავსხმა თქეშში, სადღაც ქუჩაში
ამ წვიმამ ისე გაუჟღინთოს კანი და თმები
კაბის ფერადი აბრეშუმიც – გული უჩანდეს.
ეს სხვა ლექსია იმ პოეტზე, პოეტზე შხაპში
წვიმაში ყოფნა ლირიკაა, მას არ უმართლებს
და დაღლილ სახეს ისევ უშვერს ცხელი წყლის ნაკადს
ტემპერატურას უმატებს.
და კიდევ კიდევ
და ხშირდება ნისლივით ორთქლი
ლექსისთვის ალბათ ნისლი ჯობდა
მაგრამ რას იზამ
და წყალი ისე მდუღარეა, როგორც ის ხსოვნა,
რომელიც თითქოს დავივიწყე, რამ დამასიზმრა?
განცდებს აკრძალულს, აპოკრიფულს
იშორებს ზოგჯერ
ზოგჯერ პირიქით
სხეულს ჩუქნის და მიანებებს
როგორც წყლის ნაკადს...
ზოგჯერ პოეტიც პოეტია
ხოლო ხანდახან, ან იქნებ ხშირად,

Poet in the Shower

You who have followed the title into the poem,
find your own way out again.
If you're expecting frothy light
on silvery skin, a scene from a film,
you're going to be disappointed.
This is a poem about a poet in the shower
lifting her tired face
to the stream of warm water.
I know, it would be better
if it were August rain,
a heavy downpour, in a street somewhere,
soaking the skin and hair of the poet
and her bright silk dress, revealing her heart.
But this is a different kind of poem
about that poet, the poet in the shower.
It's poetic to be in the rain, but she's not so lucky,
and she lifts her face again to the hot stream of water,
turns up the temperature,
turns it higher and higher,
and the steam thickens like mist.
Mist would probably be better in a poem
but what can you do?
Now the water is boiling hot,
it reminds me of something – or did I dream it?
Sometimes the poet cuts out
secrets, illicit feelings.
Sometimes on the contrary
the poet gives the body as a gift,
then leaves like a stream of water.
Sometimes the poet is just the poet,

ეს პოეტიც ადამიანია.

დენის სადენი შიშველია
ამ პოეტივით
მწარე სუნი აქვს დამწვარ პლასტმასას.
ნეტავ რა აფეთქდა?
პოეტი შხაპში მეტაფორა სულაც არაა
პოეტი შხაპში ფაქტია და მიკროინფარქტია.

and sometimes – often –
the poet is a human being too.

The electric current is exposed,
like this poet.
There's a bitter smell of burnt plastic –
has something exploded?
The poet in the shower is not a metaphor.
These are facts: poet, shower, heart attack.

ლოცვა ბანაობის წინ

ჩემი ექვსი შვილის
ოცდათექვსმეტი შვილიშვილის
ათას ორას ოთხმოცდათექვსმეტი შვილთაშვილი
მადლობას გიხდის შენ,
ვისი კანიც უფრო მეტია,
ვიდრე ამქვეყნად ყველა ფურცელი,
ვისი სხეულიც უფრო ფართოა,
ვიდრე ამქვეყნად ყველა სამარე
და ეს ხალებიც ვის გლუვ კანზეც –
ჩიტის კვერცხების უძველესი დამწერლობაა.
მადლობა თბილი ნაკადისთვის,
თბილი ქვებისთვის,
ორთქლის რძიანი ღრუბლებისთვის
აბაზანის ფარდების მიღმა
ქაფის ქათქათა ტალღებისთვის
აბაზანის თეთრ ნაპირებთან.
ქვები მოაქციე მწყრის კვერცხებად
ხორბლის თბილ ყანაში დააბუდე
ქაფი წიწილების წინდებისთვის
დავართე და ისევ დამებურდა,
რადგან ყოველდილით ქალწული ვარ,
რადგან ყოველ ჯერზე დედა ვხდები,
კანზე ცისარტყელის ანარეკლი –
კვალი შეხებების – შეთანხმება
ისევ ძალაშია:
რადგან ერთი შვილი
მაშინ ერთი ლექსი
თუკი ერთი ლექსი
მაშინ ერთი შვილი
ავდგები და ისევ გავაშვილებ.

Prayer Before Bathing

My six children's
thirty-six grandchildren's
one thousand two hundred and ninety-six great-grandchildren
thank you
whose skin is more extensive
than all the sheets of paper in the world,
whose body is broader
than all the tombs in this world put together,
and whose smooth flesh has these moles,
marked like ancient script on birds' eggs.
Thank you for the warm deluge,
for the warm stones,
for the milky clouds of steam
behind the curtain,
for the gleaming white foam
at the edge of the bathtub.
You have turned the stones into quail's eggs,
nested them in the warm wheatfield.
I spun the foam to make socks for my chicks
but it kept unravelling
because every morning I am a virgin;
because each time I become a mother,
the rainbow reflected on the skin –
the trace of that mutual touch – is a sign
of the covenant between us:
for each child, a poem;
for each poem, a child.
Or else I will give her up for adoption again,
this gentle bud of soap
opening like a flower in the steam.

ორთქლში ყვავილივით გაიშალა
საპნის უნაზესი მორჩი.
ბოდიში სახადივით მოვიხადე
კიდევ ერთი ჩვილი ჩავისახე.
ტანზე ცხელი წყალი გადავივლე
და ახლა უკეთ ვარ,
მოვრჩი.

I wash away remorse like a disease,
conceive once more.
I rinse my body with hot water,
and I feel better now,
I have recovered.

იფიგენია

ვდგავარ – ეს ნიშნავს
რიგრიგობით ვეყრდნობი ფეხებს
ფრთხილად ვუნაცვლებ,
მერე ხელებს ადგილს ვუძებნი,
კაბას ვიქაჩავ მუხლებისკენ,
ნახევარსუნთქვა
ფრთხილად ეხება თანდებულებს,
სიტყვის ფუძემდე
ვერ აღწევს,
ვდგავარ,
ცალი მუხლი ოდნავ
მოვხარე,
მხრები
დამბალი სარეცხივით
მაგრად გავწურე,
მერე ფეხებიც დამიბუჟდა
თითქოს ზღვის ფსკერზე
ყველა მედუზა და ზღვის ცხენი
ერთად გაცურდა.
ვდგავარ – ეს ნიშნავს გელოდები
ჩემს ოქროსფერ თმას
ცხელი შუადღე
ოქროს ქვიშად დაანამცეცებს,
საშოს ყვავილი გაიფურჩქნა
მუდმივ ჭრილობად,
შემოვეფარე ჩემი კაბის
მსუბუქ ნაკეცებს.
ვდგავარ – ეს ნიშნავს რომ გიყურებ,
რაც თავისთავად,
იმას ნიშნავს, რომ

Iphigenia

I stand. Meaning
I shift my weight carefully
from foot to foot.
I find a place for my hands.
I pull my dress down to the knees.
Half-breath
touches only prepositions,
cannot reach
the root of the word.
I stand,
one knee bent a little,
shoulders squeezed
as if wringing wet clothes.
My foot grows numb
as if all the jellyfish and seahorses
at the bottom of the sea
swam over it together.
I stand. Meaning
I wait for you.
The heat of the afternoon
will scorch my golden hair
to crumbs of sand.
The flower of my womb
blossoms like a perpetual wound.
I hide behind the thin folds of my dress.
I stand. Meaning
I look at you. Meaning
a ripening gaze, seeing
someone else's war
and my own war too –

დანახვისთვის მზერა მომწიფდა,
და სხვისი ომი – ჩემი ომი
და ჩემი ომიც
– ჩემი ომია,
სხვისი ომი –
ჩემი ქორწილი.
ეს ერთადერთი მიზეზია რატომ არ გკოცნი –
თავი სამსხვერპლო ზვარაკივით კისრიდან მომწყდა.

my war –
their war –
my wedding.
I would kiss you,
but my head is torn from my neck
as a sacrifice.

ელენე

ქალაქს რა აგებს –
ორი სახლი და ერთი ქუჩა
გადასასვლელი
კარზე ზარი
კართან საფენი.
გადასახლება არის ისე გარდაუვალი.
როგორც გარღვეულ ტომარიდან
ბრინჯის დაბნევა.
ცეცხლზე გოგირდის ფაფას ვხარშავ,
სტუმრებს ვაპურებ,
რომ მოვახერხო შენი კვალის
ორთქლით დაბურვა,
რა არის ომი –
ორი ხმალი
და ერთი ცხენი.
აბჯრიდან ჩემი თმების კვანძი
თუ გამოხსენი,
თუ ღმერთის შვილმა
გამოტეხე კვერცხის ნაჭუჭი
ყველა დაგარქმევს თავის ცოლს
და თავის საშოვარს,
ათი წლის ალყა –
ჩემი კაბის ათი ნაოჭი
ქალი რა არის?
ორი ძუძუ,
ერთი საშო ვარ.
ამ მტვრიან გზებზე
კაბის კალთად რაც კი ვეთრიე –
სხვა არაფერი –

Helen of Troy

What makes a town?
Two houses and one street,
a crossing,
a doorbell,
a doormat.
Leaving one home for another
is inevitable, like rice
spilling from a torn sack.
I boil a porridge of sulphur on the fire
to feed my guests
and hide any trace of you in the smoke.
What is a war?
Two swords
and one horse.
If I disentangle
the knot of my hair
from the armour,
if I, the child of a god,
break through the shell of this egg.
Then every man will call me his wife,
his trophy.
Ten years of siege,
ten folds in my dress.
What is a woman?
Two breasts,
one womb.
On these dusty roads
where I drag myself
like the hem of a dress,
nothing more –

მაგ პოემის ჰეგზამეტრია.
მხოლოდ.

just a few beats
in a line of this poem.

ევრიდიკე

წელს მოსავალი გაგვიფუჭდა
მიწისვაშლების,
წვიმამ წაგვლეკა
და ნარცისებს ბოლქვი ულპებათ
და ჩემი სახლის,
ჩემი მყუდრო სახლის გარშემო
წყალში დამხრჩვალი
ტივტივებენ პეპლის ჭუპრები.
რატომ მეგონა, მომივლიდი, მანუგეშებდი,
შენ კიდევ ამბობ – *Nomen omen* ანუ გაშეშდი.
ყველაფერი რომ ყოფილიყო
ცოტა სხვაგვარად –
ჩამომაწვდენდნენ გამხდარ თითებს
სუროს ფესვები,
მაგრამ ისურვე
და სხეულზე სახლებს მარგავენ
და ბუხრის კვამლით
(გველის შხამით)
– დავიგესლები.
მე კი მეგონა მომივლიდი, მანუგეშებდი,
შენ კიდევ ამბობ – *Nomen omen* ანუ გაშეშდი.
უჩემოდ ბრმა ხარ –
ეგებ შეძლო რამის გაგება,
ჭიანჭველები დავისიე –
შრიფტი ბრაილის,
შენი ქიტონი სულ თეთრია –
თეთრი ლაქები
არ დაეტყობა.
მოვიფიქრო უნდა რაიმე.
რადგან მეგონა მომივლიდი, მანუგეშებდი,

Eurydice

The harvest of Jerusalem artichokes
is ruined. The rain washed them away.
Around my house, my cosy house,
are rotting narcissus bulbs
and the drowned chrysalises of butterflies.

Why did I think you would look after me?
You said *Nomen omen* –
in other words, you froze.
If things were a little different
the ivy roots
would reach out to me with their slim fingers.
But you made a wish
and they plant their houses on my body
and I am poisoned
with smoke and snake venom.
I thought you would look after me

but you said *Nomen omen* –
in other words, you froze.
You are blind without me.
How can I make you understand?
I cover myself in ants, in braille.
Your tunic is pure white,
white stains don't show.
I have to think of something.
I thought you would look after me
but you said *Nomen omen* -
in other words, you froze.

შენ კიდევ ამბობ – *Nomen omen* ანუ გაშეშდი.
აქ, მიწის გულში
ჩემი ქურა – მისი სამჭედლო,
თიხის ქოთნები გამოვაცხვე –
მიწის ნამცხვრები,
მე რომ მეგონა დავიძარით,
მაშინ გავჩერდით,
რადგან შეშინდი –
რომ მარტო ვერ მიწინამძღვრებდი.
მაინც მეგონა მომივლიდი, მანუგეშებდი,
შენ კი მითხარი – *Nomen omen* ანუ გაშეშდი.
წელს მოსავალი გაგვიფუჭდა
მიწისვაშლების,
წვიმამ წაგვლეკა
და ნარცისებს ბოლქვი ულპებათ
და ჩემი სახლის,
ჩემი მყუდრო სახლის გარშემო
წყალში დამხრჩვალი
ტივტივებენ პეპლის ჭუპრები.

Here at the centre of the earth
is my stove. I am your blacksmith,
baking clay jugs from cakes of earth.
We set off, but then we stopped –
you were afraid
to lead me on your own.
I thought you would console me
but you said *Nomen omen* –
in other words, Freeze.

The harvest of Jerusalem artichokes
is ruined. The rain washed them away.
Around my house, my cosy house,
are rotting narcissus bulbs
and the drowned chrysalises of butterflies.

პერსეფონე

ნუ ელოდები ფანჯარასთან მოფრენილ მერცხლებს,
ნურც სუნთქვის გაიოლებას,
სხვას არაფერს აღარ აქვს აზრი –
მხოლოდ მე ვარ გაზაფხული.
ხმა რომ ყინულის ლოდებს შორის მოედინება,
თანდათან დნება, თბება, ჩქარდება –
მე ვარ გაზაფხული...
თავის ქალაზე ამოსული შროშანები
თბილი ქვეყნიდან დაბრუნებული სიმღერები
მე ვარ გაზაფხული.
ვინ მექაჩება მიწისქვეშეთში –
ჩემი ფეხსაცმლის კალაპოტი?
ჩემივე წელქვევითა ქვესკნელი...
მისკენ მივყვები ბროწეულის მარცვლების გზას-
სისხლის წვეთების ყოველთვიურ მოსავალს,
მისკენ მივაბიჯებ...
ეს სამეფო ისეთი ღრმაა,
აქ ვინ არ დაიკარგება,
საკუთარი სქესის უპასუხო კითხვებში.
ჩემი ფეხით მივდივარ მეთქი
შეყვარებული სიკვდილის შესახვედრად,
ხელი წელს ჩასცდა,
მუხლს ჩასცდა
ჩასცდა ფეხის თითებს...
ჩემი სიღრმე ჩემი ქვესკნელია
სხვა არ არსებობს...
მე ვარ ჩემი წელზევითა გაზაფხული,
მე ვარ ჩემი წელზევითა სიკვდილი –
მომკლავენ და ხმის არტერიას გადამიკვნეტენ,
ყელს გამომჭრიან, გამომჭრიან ჩვენი ქორწილის

Persephone

Don't wait for the swallow at your window,
or the easing of your breath.
None of that means a thing –
I alone am Spring.
The voice that floats between icebergs,
beginning to thaw, to warm, to hurry towards you –
I am Spring.
Lily-of-the-valley growing from the skull,
songs returning from warmer countries –
I am Spring.
What can drag me underground
but the sole of my own foot,
my own body, below the waist?
I walk towards the underworld,
following the road of pomegranate seeds,
the monthly harvest of drops of blood.
That kingdom is so deep,
who would not be lost there
in the unfathomable question of their own sex?
I said I walk there myself, to meet that death
that is in love.
My hand moves down from my waist,
moves down to the knee,
down over the toes…
that deep abyss is my underworld,
there is no other.
Above the waist I am Spring,
below the waist I am Death.
They will kill me, sever my voice,
cut my throat, cut me out

ფოტოდან,
გულთან ერთად შეხვედრებსაც ამომიღებენ,
თუ გაიგეს,
რომ სხვასთან კი არა,
საკუთარ თავთან
გღალატობ.
თან, არცთუ ისე იშვიათად.

of the wedding photo,
tear out my heart
and its assignations,
if they discover I'm unfaithful –
not with someone else
but with myself,
and not just once in a while.

მედუზა-გორგონა

როცა გითხარი, არაფერი ხდება-მეთქი,
უბრალოდ მოგატყუე.
ხდება, ყოველდღე ხდება
ხიდები,ხედები...
რადგან სიყვარულს დავმორჩილდი,
დავდივარ , ვისთვის – თავმოჭრილი,
ვისთვის კი – სარკე – შეხედვისას
ქვავდები,
ხევდები.
როცა გითხარი, არაფერი ხდება – მეთქი,
უბრალოდ დამავიწყდა. იმ დღიდან
ყველა ცხენოსანი, ანდა ქვეითი
ჩემს სახელს,
(სახელს თავმოჭრილის)
ატარებს ფარად...
თუ ქვას მესვრიან
იბრუნებენ პასუხს ქვებითვე...
რომ გითხარი, არაფერი ხდება – მეთქი, უბრალოდ
მოგატყუე.
არაფერიც კი აღარ ხდება, ვსუნთქავ, ვარსებობ,
გული – მხუთავი სიმსივნეა მკერდში, ძუძუსთან,
მელოდიები ამოვჭერი, მუსიკის ავი თვისებები,
მეტასტაზები,
რომელთაც მოაქვთ დაკარგული დღეების ხმები
გული – ქრისტესისხლას ბუჩქია,
ხმება.
ეჰ, ღირდეს მაინც – ღამით კისერს ჰკიდია ბეწვით
თავი – დილით კი მორჩენილი ჭრილობა მეწვის,
მერე, თავიდან...

Medusa

When I said nothing happened
I lied to you.
It happens, it happens every day,
on bridges, in open spaces.
Because I yielded to love
I walk, for some an object of shame,
for others a mirror. Whoever looks at me
is turned to stone,
frozen.

When I said nothing happened
I simply forgot. Since that day
all the riders, all the pedestrians
have carried my name
(*Shame*) as a shield.
If a stone is thrown at me
I answer with stone . . .

When I said nothing happened,
I just lied.
This is what happens: I breathe, I exist.
My heart is a choking tumour, near the breast.
I cut out the tunes,
the malignant music, metastasis
which brings back the voices of lost days.
My heart is a celandine,
parched.
My love, can it be worth it? At night
my head hangs from my neck by a single hair
then morning, and the pain of the healed wound
and it starts all over again…

კასიოპეა (სამი უკუღმა სიმღერა)

'ნეტავ რით ფიქრობ, გაფანტულო,
თავით იფიქრე, ამბობს დედა
და თეთრ ზეწარზე ცხელი უთოს კვალს,
ამბობს დედა და იატაკზე რძის მოზრდილ გუბეს
ამბობს დედა და რკინის კარში ჩაყოლილ თითებს
ათვალიერებს დანანებით.
მე კიდევ
მუხლისთავით ვფიქრობ,
მე კიდევ ძუძუსთავით ვფიქრობ,
დღეს უნდა შეგხვდე.'
ეს ჩემი ძველი სიმღერაა
ვმღეროდი მანამ,
სანამ სიმღერა სარჩულად არ გამოვაკარი
ჩვენს არაფრისმთქმელ მისალმებებს,
ასე გავჩუმდი – ეს ნიშნავს
რომ პირიქით ვმღერი.
'ჩააქრეთ ყველა ბრა და ჭაღი
აბაჟურები, ტორშერები,
მთვარე და მზე და ვარსკვლავები
დამარხეთ გზიდან მოშორებით
დაკეტეთ ყველა ხმა და წყალი
კარი, წიგნი და ჩემოდანი,
დღესასწაულის ვერცხლის სინზე
საკუთარ თავის შემოტანა
პირველ კერძად და დაყოლება
სხვისი, ყლუპ-ყლუპად, დაყოვნებით,
პურის კი არა,
ოქროს ზოდის უნდა ვისწავლო გამოზოგვა.'
ეს ჩემი ძველი სიმღერაა
ვმღეროდი მანამ,

Cassiopeia (Three Back-to-Front Songs)

What are you using to think with,
Scatterbrain? says Mother. Think with your head!
Scorch marks on the white sheet,
says Mother, and
pool of spilt milk on the floor,
says Mother, and
shakes her head at fingers
stuck in the iron door.
As for me,
I think with my kneecap.
I think with my nipples:
I should meet you today.
This is my old song,
sung until it became
a lining to our bland greetings –
sung silently, back to front.

Switch off all the lamps and chandeliers,
the moon and sun and stars,
and bury them far from the road.
Shut off the noise, the water,
shut the door, the book, the suitcase.
On the silver tray of celebration
bring as a first course
my own self, followed
by another's,
mouthful by slow mouthful:
not bread but bars of gold
I must learn to eke out.
This is my old song,

სანამ სიმღერა სარჩულად არ გამოვაკარი
ჩვენს არაფრისმთქმელ მისალმებებს,
ასე გავჩუმდი
– ეს ნიშნავს რომ პირიქით ვმღერი.
'მაინც ვერ მოვკვდი,
ცას უკუღმა გამოვეკერე,
და გადამფრენი ფრინველები ჭორფლებს მიჭამენ,
ხელი დამიცდა ცივი ოფლით მოლიპულ ცაზე
ბგერა კი არა, სუნთქვაც აღარ დამყვა მიწამდე,
თითქოს ბამბაზე ამოღერილ თავთავებს ვმკიდე
ისე ახლოა და მარტივია
სამყაროს კიდე.'
ეს ჩემი ძველი სიმღერაა
ვმღეროდი მანამ,
სანამ სიმღერა სარჩულად არ გამოვაკარი
ჩვენს არაფრისმთქმელ მისალმებებს,
ასე გავჩუმდი – ეს ნიშნავს რომ პირიქით ვმღერი.

sung until it became
a lining to our bland greetings –
sung silently, back to front.

Anyway
I did not die
but became a lining for the sky.
The migrating birds
ate my freckles.
I touched the damp sky,
polished with cold.
No sound, no breath
could reach me. It was as if
I could pick the seeds of the cotton plant,
the edge of the earth
was so near and so simple.
I sang this old song of mine,
lining to our bland greetings –
sung silently, backwards.

ცეკვის გაკვეთილები (რიტმი 3/4)

ანტარქტიდაზე ყინული
ჯერ დატყდა, მერე შეწებდა –
სწორედ ასევე ფეხი ფეხს
მიადგი
ვითომ იპოვე –
ეძებდი.
წესი: მიეყრდნო საკუთარ
მხრებს
– ნიშნავს მხრებში გამართვას,
მწვერვალზე ასობ ხერხემალს
თითქოს და
მერე დაეშვი
დაღმართი.
პა: შენი ხელი მის მხარზე
როგორც სიტყვაზე მახვილი,
მისი მარცხენა შენს წელთან
და თითქოს
მცენარის ბოლქვი
გაღვივდა.
ახლა
ნაბიჯი – მოქცევა,
მერე
ნაბიჯი – მიქცევა
და მერე თითქოს წყალი ხარ
და მწყურვალის თვალწინ
იქცევი.
წესი: უყურე თვალებში,
რომც იყოს სარკე – გორგონა,
მორგება მისი ნაბიჯის,
როგორც ახალი ფეხსაცმლის

Dance Lessons (3/4 Time)

Like an ice-sheet
in the Antarctic
broken, then joined,
go foot to foot
as if finding, or
at least as if searching.
Rule: lean against
your own shoulders, and
hold your back straight,
lift your spine as if
about to go downhill.
Step: your arm on
his shoulder, like
a spear on the word,
his left arm around
your waist like a bulb
coming into flower.
Now a step towards
then a step away
and then, like water,
pour yourself out
before your thirsty partner.
Rule: look straight
into his eyes,
even if a gorgon
is reflected there.
Adjust to his steps
as if to new shoes.
Step: as if the moon
exploded, and your

მორგება.
პა: თითქოს მთვარე აფეთქდა
და ნამსხვრევებად ფეხები.
და ბრუნვა ღერძის გარშემო
და თავბრუ,
როგორც შლეიფი
გეხვევა.
გამოიყვანე სხვა რიტმი
შენი და მისი პულსიდან
ჯამით.
და ახლა ყველაფერს
გავიმეორებთ
თავიდან
მუსიკა!

feet were the pieces.
Spinning round the centre,
round your spinning head,
the dance encircles you
like a lace train.
Make a new rhythm
with your pulse and his.
That's all. And now
let's take it from the top.
Play the music again!

ეტიუდები

ფანჯრის მიღმიდან მზე ჩამესმის ისე ხმამაღლა
როგორც სოპრანო სკოლის კაპელის სოლისტის,
რომელიც მღერის
და კერტები მზისკენ ეძაგრება,
არდადეგები მოდის,
ბახის კანტატა მოიცდის.
ჩემს მასწავლებელს ჟღალი თმა და ისეთი პროფილი
    აქვს
პაჭუა ცხვირზე ჩამოსხდებიან ჩიტები
მომაბეზრებელ გამებს ვღეჭავ,
გემოგასულ საღეჭ რეზინებს,
ეტიუდებს შავთეთრი რვეულიდან
მასწავლებელი ამბობს
– შოპენს რომ შესწვდე
უკეთესი ტექნიკა გჭირდება.
შოპენი კი
თითქოს ვანილის პუდინგია
მაგიდის ცენტრში –
მე დაბალი ვარ, ვერ ვწვდები,
მუსიკის ღმერთი ცუდად მიყურებს –
სპარსული კატა ძველი, მოწნული სავარძლიდან,
კაბის სახელოზე მასხდებიან ბგერები
– მუსიკის ღმერთის ბეწვები.
ინსტრუმენტი ხმაურით იხურება,
თითები ჩამრჩა
წერილი წიგნში, მუყაოს სანიშნის ნაცვალი –
შესვენებაზე, სკოლის უკან თუ გამოვივლი
კოცნისას ბაგე როგორ შევხსნა, მასწავლი.
ჩანთა რვეულებით, ბოლოწაჭმული ფანქრებით,

Studies

Beyond the window the sun is loud,
like the soprano soloist in the school choir
whose nipples reach out to the sun as she sings.
The holidays are nearly here,
Bach's cantata can wait.
My teacher has red hair and a nose
the birds could perch on.
I chew on the boring scales and studies
in those black-and-white books,
like chewing gum that's lost its taste.
The teacher says
To grasp Chopin
you need to improve your technique.
As if Chopin were vanilla pudding
right in the centre of the table
and I were too short to grasp him.
The Persian cat in the old wicker chair
is the god of music giving me the evil eye.
On the sleeve of my dress, sounds gather
like hairs of the music god.
The piano lid shuts down with the noise,
trapping my fingers.
Marking the place in the book, there's a letter:
You will teach me french kissing
if I meet you behind the school at break.
Schoolbag stuffed with notebooks and chewed pencils.
Short fingernails with chipped varnish.
Day as bland as a school dinner.
Girls on their way back from music lesson,

აქერცლილი მანიკური, ძირში წაჭრილი ფრჩხილები
დღე დაგეგმილი უგემურად – თითქოს სკოლის ბუფეტის
მენიუთი,
გოგოები მუსიკის გაკვეთილიდან ბრუნდებიან,
და ჟღერს საღამო მოხუცი ქალის სუნთქვასავით –
დაღლილი მენუეტი.

and the sound of the evening like an old woman's breathing –
a worn-out minuet.

გაკვეთილი

როგორ ვსწავლობ შენგან სიკვდილს?
ისევ ისე, ბეჯითად, ყურადღებით.
ომის კომენტატორები
ლექსებს კითხულობენ,
ბრძოლის ველიდან გამორბიან
გადარჩენილი ყავარჯნები.
სული წამივიდა უკვალოდ, უგეშოდ
სურვილის ჩაფიქრება
ჩასუნთქვასავითაა.
შეიძლება დაგახრჩოს კიდეც
ამოისუნთქე, დიანა, ნუ გეშინია.

როგორ ვსწავლობ შენგან სიკვდილს?
ისევ ისე, ბეჯითად, ზეპირად
ფოტოების თვალიერებით –
რომელიღაცა გამოადგება
სიკვდილის ლუპას, გამადიდებელს,
მატლი ამოცოცდა გულიდან ზეფირის
სიმწარეშეპარული სიტკბო გადალახა.

როგორ ვსწავლობ შენგან სიკვდილს?
მეტაფორების ლექსში ჩართვით
მაშინ, როდესაც ყველა ზედმეტია
და უგერგილო –
მკვდრის ფერუმარილი.

დამშვიდობება უნდა იყოს ალბათ ასეთი:
– არაფერია. მთავარია, არავინ მოკვდა,
ყველა ცოცხალია. მიხედე ცხოვრებას.

Lesson

How can I learn death from you?
Studiously, attentively, as ever.
By reading poems,
like a war reporter
running with rescued crutches
from the battlefields.
My soul vanished, leaving no trace, no sign.
To make a wish
is like holding your breath –
you can suffocate.
Breathe out, Diana, don't be afraid.

How can I learn death from you?
Studiously, and by heart.
By looking at photographs –
some of them work well
as a magnifying glass for death.
The worm crawling from the heart, fat
on that soft bittersweet mush.

How can I learn death from you?
By putting metaphors in poems,
all out of place
and clumsy
like rouge on a corpse.

Perhaps the best farewell
is no farewell. After all, neither of us died,
we are both alive. Hold on to life.

როგორ ვსწავლობ შენგან სიკვდილს? –
ამ სიცოცხლის სამუდამო დამახსოვრებით.

How do I learn death?
By remembering, always, this life.

ჩუმად წერა

მოიახლოვო შემოდგომა
ერთი ხით, ჭირხლის ერთი ფთილით,
ტყე, იდუმალი მიღმა დარჩეს.
მკერდზე მიიკრა ყვავილები
პლასტირისაგან გამოჭრილი.
სიმსივნე – პრინცი მინოტავრი
სხეულის ბნელი წიაღიდან
ლაბირინთების მეტასტაზებს
აგზავნის შიშის ყველა მხარეს.
სიყვარულს რაღა გადაარჩენს?
მოიახლოვო დასასრული
ერთი ხმით, თმების ერთი კვანძით,
თეთრი ნაწნავის მკვდარი თოკით.
საათის ისრის ერთი რკალით,
ყელში წაჭერილ მანძილს უვლის
წრეს, აი, უკვე მერამდენედ,
თითქოს სამსხვერპლო თიკანია
ასფალტს წიწკნის და ღეჭავს ბაწარს
და თითქმის პრინცმა, ტარიელმა
ლექსში, ამ თავის სიყვარულში
დასვა პირველი მძიმეები –
ვეფხვის ბრჭყალების დანაკაწრი.
მოიახლოო სიყვარული
მოიახლოო შემოდგომა
მეტასტაზებად აყვავილდა
და ისევ ჩემს გულს ჩაეხუტა
სიმსივნე – პრინცი მინოტავრი
– მარტოობისგან დაშაშრული.
მოიახლოო დასასრული.

Silent Writing

Bring autumn closer
by one tree, by one frosted leaf,
and keep the mysterious forest at a distance.
A flower blooms on my chest.
Minotaur the cancer prince
extends from the dark recesses of the body
his labyrinth of metastases,
all leading to fear.
How can love be saved?
Bring the end closer
by one voice, one knot of hair,
by the dead rope of a white plait.
By one circuit of the clock's hand –
it goes around and around,
gripping the throat tight.
As if a young goat waited to be sacrificed,
nibbling the tarmac, chewing the rope,
and Tariel, the prince in the poem,
gave it the first marks of his love –
the scratch of the panther's claw.
Bring love closer,
bring autumn closer.
The tumour blooms and spreads,
clasping my heart once more –
that prince minotaur
slashing me with loneliness –
to hasten the end.

პომპეი

ეს ყველაფერი ჩვეულებრივ, დილით დაიწყო
როცა გულდასმით ვუსწორებდი ზეწარს ნაოჭებს,
სიკვდილს – ჩემი მკვდრის ძვირფას სახეზე.
ჯერ სულ მარტივი ბიძგი იყო,
გამივარდა ხელიდან ჭიქა,
კაბას სულ ოდნავ მიეშხეფა ყავის ნალექი,
მეორე, უფრო დიდი ბიძგი ვიგრძენი როცა,
ავტოსადგომზე შენს ერთგულ რაშს
დინჯად აბამდი.
ჯერ თაბაშირი ჩამეფშვნა ხელში
მერე ცასავით ჩამოწვა ჭერი
და ვარსკვლავებით დამესერა
ხელები, სახე,
ბოლოს კი ცხელი,
ცეცხლისფერი ლავა მოგვაწყდა
და გასასვლელი დაგმანა მზერის.
ასე დაიწყო.

– მაინც რა არის სიყვარული? –
ხავერდოვან, თბილ-თბილ ჰაერში
იტალიური ზეთისხილის სურნელს ვისუნთქავთ,
ფოტოკამერა მიმძიმებს კისერს –
ჩვენივე თავის სანახავად ჩვენივე თავი
მოგვყავს და მოგვყავს, ისევ მოგვყავს,
ისევ და ისევ –
– სიყვარული ფოტოკადრია,
მომინდება დავტოვებ, წავშლი,
ან რა დამიშლის?
– სიყვარული ცხელი ლავაა,
ერთხელ დაგვატყდა და დაგვტოვა

Pompeii

It all began on an ordinary morning
while I was carefully smoothing
the wrinkled sheet of death
over the face of my love.
First a simple jolt –
I dropped a glass,
splashed coffee grounds on my dress.
Then the second, more powerful jolt I felt
as you were calmly tying up your loyal steed
in the car park.
Crumbs of plaster fell into my hand
then the ceiling came down like the sky
and my hands and face were slashed by stars,
and hot lava the colour of fire engulfed us
and stopped our eyes.
It began like that.

But what is love?
The warm air like warm velvet,
the smell of Italian olive trees,
the heavy camera at my neck.
We bring ourselves to look at ourselves,
we bring and look again,
again and again –
Love is a snapshot.
I'll discard it, erase it if I want –
who can stop me?
Love is hot lava
that once rushed into us,
and now it's gone

ერთადერთ წამში,
ისეთები, როგორც ვიყავით,
სინამდვილეში.

we’re left, in an instant,
just as we always were.

სული

ამაოდ ცეკვავ ტაძრისა და ცეცხლის გარშემო
საკურთხეველსაც ყვავილებით ნუ დაამშვენებ
ხმა არის სული.
ხმას შეუძლია საფლავის ქვა ჩახვრიტოს ყინვით
თუ შვილი რომ ვერ გაათენა, ის დედა ყივის,
ხმა არის სული.
ქრისტე ქვესკნელში ჩამოჰყვება მხოლოდ ხმის ბაგირს
და ოდისევსიც ხმას დატოვებს სულის მაგიერ.
ხმა არის სული.
სიკვდილს, დატკეპნილს ნაბიჯებით და აყალოთი
ხვიარა ვარდით გააღვიძებს ცას აყოლილით
ხმა არის სული.
მაღაროში რომ თავისივე დუმილს დარაჯობს
ან ცის კიდესთან რომ ეშლება ფეხქვეშ ხარაჩო
ხმა არის სული
რძედ რომ იქცევა და ქვავდება მკერდში, ხმა არის
და ჩვენც, ყველანი ჩვენი ხმა ვართ – ერთი ხმაური.
ხმა არის სული,
და კადრს ვუყურებ ჯერ არმომხდარს და მაინც ნაცნობს
რომ მოდის ვიღაც, ხმას ხორხიდან სულივით მაძრობს
მაჩუმებს.

Soul

No use dancing round the temple or the fire
or decorating the altar with flowers –
the voice is the soul.
The voice that can drill through a frozen grave,
the shrieks of a mother whose child has not survived the night –
the voice is the soul.
Christ following the rope of voice to the underworld,
Odysseus leaving his voice instead of a soul –
the voice is the soul.
Death, stamped down and rammed with clay,
will rise to the sky with a climbing rose –
the voice is the soul.
Keeping its silence deep in the mine, or at the edge of the sky
where scaffolding unfolds beneath the feet,
the voice is the soul,
and becomes the milk, and then the stone in the breast,
and all of us, all of us are one voice, one noise.
The voice is the soul,
and I watch the familiar scene, though it's yet to be filmed,
where someone drags my voice from my throat like a soul
and silences me.

აუტიზმი. ამეტყველება

როგორ სათითაოდ ჩამოხოცა
მავთულზე ჩამომსხდარი სიმღერები
ყინვამ.
ყურებზე ხელი ავიფარე
ვისმენ – სიტყვა სად იბადება,
ვინ ვარ.

დავდივარ თვალებით – ღია გალიებით –
რომ შიგნით მოვიმწყვდიო
ჭრელი თუთიყუში – ქვეყანა.

ჩემ წინ და ჩემ უკან სამიოდ ნაბიჯი
და მერე ხელახლა
და მერე თავიდან
მსოფლიოს გარშემო რკინიგზა გამეყვანა
მსურდა.
და ვტრიალებ, ვტრიალებ
ვტრიალებ
ვიწევი. ვმუსუბუქდები, ვმჩატდები, ვვარდები...
ღრუბლების ხაო და ნოტიო შეხება
დედამ ჩამოკიდა ახალი ფარდები.
პირში მიწის ოდნავ მომჟავო გემო აქვს
ბიჭს, ჩემში რომ უდგას საწოლთან ტორშერი
და თბილი ხელების დათრგუნველ შეხებას
ძვირფასი თვალების ალესილ შეხედვას
კაშკაშა პროჟექტორებს თოფივით მოშვერილს
იშორებს...
ცაში კი სიტყვები ჩხავიან
როგორც თოფის სროლით დამფრთხალი ყვავები
გაჩუმდი, გეყოფათ!

Autism: Beginning to Speak

The songs perched on the wire
freeze to death, one by one.
I cover my ears with my hands
and listen
for the birth of the word,
for who I am.

I walk around
with eyes like open cages
to trap the bright parrot,
the country inside me.

Three steps forwards, three back,
repeat, repeat. I want
to circle the world with my tracks,
circle and circle again.
I rise, weightless, then fall.
The clouds feel damp and feathery
as my mother's new curtains.
A sour taste is in my mouth.
I stand like a lamp beside the bed
and at the violent touch of warm hands
or the laser-sharp
glance of loving eyes,
words squawk into the sky
like startled crows
at a gunshot.
Silence! Enough!

ერთს მოვდე ანკესი –
და თავზე
და თავში
მთელი ცა მემხობა!

ვიწყებ –
დავაწერე ყვავების გუნდები
სანოტო ხაზებს, ტელეფონის მავთულებს –
პირში მიჩხავიან მარტივი სიტყვები –
რომელთაც თან და ქვე ვაწყობ
და
ვართულებ.

I lasso one –
and on my head
and in my head
the whole sky falls.

I begin.
I write the crow music
on the stave of the telephone wire.
Simple words squawk in my mouth,
and I co-ordinate and subordinate
and make them complex.

მსაზღვრელ-საზღვრული

სიტყვებს შორის კავშირის ღმერთო,
ჩასუნთქვისა და ამოსუნთქვის ცალ-ცალი ფრთები
აიქნიე და აიყოლე მთელი ქალაქი.
მაინც არაფერს აღარ აქვს აზრი,
მაინც ვერავინ დავაჯერე, რომ შენ არსებობ,
რადგან არასდროს არ იყავი, როდესაც მწამდი,
თმის ღერს კი არა, ბეწვის ხიდს ვწვავდი,
დუმილის ხვატით სიმღერების ნაზ ზანზალაკებს
როცა გიხმობდი,
ისე გიხმობდი...
მუნჯი ბავშვების სასთუმალთან დადგი კვარცხლბეკი,
მწამხარ, ვმარცხდები,
ყოველ დილით მწამხარ,
ვმარცხდები...
დროა, შენს მტანჯველ არსებობას რამე ვუღონო
ჩემში, ღმერთივით ყოვლისშემძლეს,
ბრჭყალებს დაგისვამ
ანდაც მარტივ მსაზღვრელს მოგიჩენ:
სიტყვა „ღმერთივით“ გაგხდი უღონოს...
სიტყვებს შორის მანძილის ღმერთო.

Mute

God of the joins between words,
flap each wing in turn – inhale, exhale –
and lead the whole lot of them out of here.
None of it makes sense anyway.
I never could get anyone to believe in you,
since even when I believed in you
you were never really there.
When I tried to summon you with fire, I burned my fingers.
When I called on the sweet chimes of song
with the blazing heat of silence,
it was you I was imploring.
You have set up your altar at the bedpost of my mute child.
I have faith in you, and I am defeated –
morning after morning I have faith
and am defeated.
It's time I broke your torturous hold on me,
you who are almighty as God.
I will hammer in inverted commas like nails,
and describe you with this simple adjective:
the word 'godlike'. I will make you powerless,
god of the distance between words.

ჩვენი ბრაილი

იასამნისფერ,
წითელ,
ყვითელ,
მწვანე, ოქროსფერ
ფერებს ითხოვდეს,
მეტრო – მეტრო დამათხოვრობდეს
თეთრი – ეს უფრო ბგერა არის – ალბათ ფლეიტა,
ფლატეა, ფრთხილად, ციცაბოა, არ გადაქანდე
– სუსხის ბგერები გვესობიან –
განა ბეღურებს – ჭრელ თუთიყუშებს გვიქანავებს
ყინვის ქანდარა –
ჩემი მეზობლის ოცი კატა – მთელი ორკესტრი
კნავის – ეს უკვე ყვითელია, მთვარე სავსეა
ჩვენი ელექტროყვავილებით – სახლების შუქით.
როგორ თენდება –
ცა ალუბლის მუსით დასვარეს.
შავი – არც ერთი ხმა არ ისმის,
გვძინავს ან ვკვდებით,
ფრთხილად ჭრიალებს იატაკი –
ჩანს – განაცრისფრდა,
ცისფერი – ტალღა ცხელ ტერფებზე,
დამშვიდდა სუნთქვა,
ქარმაც სამოსში შეინახა მტვრის და ნაცრის ფრთა.
წითელი – ლავა და ასოცი ვოლტი, ვოლტორნებს,
ტრომბონებს, ტუბებს
ყველას ერთად უკრავს ორკესტრი,
შენი თითები ჩემს მუცელთან – მწვანე,
ლურჯი კი –
სანამ ოქროსფრად ინათებდა კოცნა მოგვესწრო…
შენ მეკითხები – სჯობს დავბრმავდეთ თუ სჯობს

Braille

Purple,
red,
yellow,
green, gold –
as if we pleaded for colours,
went begging from one tube station to another.
White – like sound, perhaps the flute.
It falls – careful, it's steep, you could slip.
The sounds of frost pierce us –
not sparrows but colourful parrots
on a perch of ice.
My neighbour's twenty cats – the whole orchestra
miaowing – and now yellow, the moon full
and electric flowers of light in our houses.
When dawn breaks,
the sky is smeared with cherry mousse.
First, black – not a single sound –
we sleep, or we die.
The floor creaks a little
as black becomes grey,
then blue – a cool wave on hot feet.
Breath is calmer now, and the wind
hides in its robe its wing of dust and ash.
Red – lava, one hundred volts!
French horn, trombone, tuba,
all playing together.
Your fingers near my stomach – green.
And as for blue –
but let's kiss before the dawn breaks gold…
You ask me which is better:

დავყრუვდეთ
მე გეკითხები სჯობს დავბრმავდეთ თუ სჯობს
დავყრუვდეთ
მპასუხობ: შენი ათასფერი ტბები ამოშრა
გპასუხობ – შენი ათასფერი ყანა გადახმა
და მაშინ მზერაც კოცონივით გადაბრიალდა.
ჩემი ბრალია ეს ბრაილი
შენი ბრალია.

to go blind or to go deaf.
I ask you is it better
to go blind or go deaf.
You reply: your thousand lakes of colour have dried up.
I reply: your thousand fields of colour are all dry.
A glance flashes between us.
It is my doing, this braille.
It is your doing.

იმიტომ

რანაირი სიტყვაა 'იმიტომ'
თითქოს რეზინის ბურთია,
რომელსაც კბილები უნდა მოუჭირო
როცა კითხვებით მუცელს გიჭრიან
გაუყუჩებლად.
რანაირი სიტყვაა – თან პასუხია, თან პირიქით
და კითხვასაც, როგორც გემის გეზს, ვერ შეაბრუნებ.
სიტყვა კი არა, თითქოს სხვა ქვეყნის საზღვარია –
სადაც ზეთისხილის ბაღი შრიალებს,
ქაფქაფა რძით იცინიან ცელქი გოგონები,
საზამთროს ღიმილები – ყურებამდე,
ქალები – გარუჯული მკლავებით,
კაცები – კისერზე შემოსმული ბავშვებით...
დაუფიქრებლად მათ ზღვაში ხტები –
იქნებ ვინმემ გადაგარჩინოს
რომელიმე ბადეს ამოჰყვე...
რანაირი სიტყვაა 'იმიტომ',
ბავშვობის ყველა თამაში ერთად –
გადაახტე საკუთარ ძარღვებს,
გააშეშო შეგრძნებები,
ისე დაიმალო, დაიკარგო,
ისე დაიხუჭო – დაბრმავდე...
რანაირი სიტყვაა 'იმიტომ',
ხმოვნის საჰრჩობელაზე ჩამოკონწიალებული
თანხმოვნები –
შენი პასუხი ყველა ჩემს კითხვაზე,
ღმერთო.

Because

What kind of word is *because*?
It's like that rubber ball
you have to squeeze between your teeth
when they cut open your stomach with questions,
no anaesthetic.

What kind of word? Both answer and question,
it can't be turned about like a ship.
It's not so much a word as a border to another land:
gardens rustling with olive trees,
and mischevous girls with wide smiles
and laughter like frothed milk.
Women with tanned arms,
men with children on their shoulders…
if you jumped recklessly into their sea
perhaps they'd rescue you,
or maybe you'd get caught in a fishing net…

What kind of word is *because*?
It's like all those children's games:
'jump over your own bloodstream',
'freeze', 'hide', 'get lost',
'shut tight', 'go blind'…

What kind of word is *because*?
Consonants
dangling from the gallows of vowels.
Your answer to all my questions,
God.

ლოცვა საზრდელის მიღებისწინ

შენ, ვინც შემქმენი ორი ხელით და ერთი ჩანგლით,
ერთი კოვზით და ერთი პირით – ბევრი სარჩულით,
ორი ჩხირით და მაკარონის ფერადი ნართით,
მომეცი ნიჭი – ხორცი ძვლისგან გამოვარჩიო,
შენ, ვინც მასწავლე ჭირსა შიგან გავიქვიტკირო
კუჭი – მშიერმა მხოლოდ ხახვის ცრემლით ვიტირო,
რომ ამბრის ნაცვლად სჯობს ილი და კამა ვაკმიო,
რომ პური ჩვენი არსობისა ერთი ლუკმაა,
და ამიტომაც ვიდრე წყალი ძმარს შეერია,
ვილოცო მათთვის, ვინც მშიერია,
მართალია, ვინც მშიერია.
ვამზადებ მსუყე სადილს:
ჭუპრები, ტერმიტები,
ის ლუკმა, რასაც მაწვდი ხან არ,
ხან ვერ მინდება
ვიმზადებ მსუყე სადილს:
კნუტები, წიწილები,
ის ლუკმა, რასაც მაწვდი,
არ მინდა, გიწილადებ:
ცაში დაღვრილი რძე როგორც ზღვაში ჩაღვრილი
ნავთობი
ყველა უცნობი მზე და მეტეორი და მნათობი
რაც ცაში ცა და ჩიტია რაც ზღვაში ზღვა და თევზია
ყველა მარილის კვნიტი და შაქრის ნატეხი. სავსეა
შენი ჭიქა და ჯამი და თეფში და შენი სუფრა:
შენ,
ვინც მომეცი შიმშილი
მფლობ – ჩემს მადაზეც უფლობ.
ვდგავარ და თეფში მაქვს პეშვივით გაშვერილი
შეეჭრა დანას პირი

Prayer Before Taking Nourishment

You, who created me with two hands and one fork,
with one spoon and one mouth,
with two chopsticks and a bright tangle of noodles,
grant me the skill to separate meat from bone,
you, who have taught me to harden my stomach
to stone, to weep only onion tears,
to wear as perfume cardamom and dill.
Our daily bread is just one morsel,
so first, before this water turns to vinegar,
a prayer for those who are hungry,
truly hungry.
I prepare a rich feast
because sometimes I don't want
what you do or don't provide:
chrysalis, termite.
I make my own richer meal:
kittens, chicks.
That morsel you pass me,
I don't want it, you can have it.
Milk spills into the sky
like oil into the sea.
All the nameless suns and stars and meteors,
the sky and all the birds in it,
the sea and all its fish,
every grain of salt and lump of sugar –
your glass, your bowl, your plate and table are full.
You
who gave me my hunger,
you who rule over it, you possess me.
I stand and hold out my plate like a handful.

გახსენებ დანაპირებს:
როდესაც დამივიწყებ, მოვალ და გიშველიო,
მე – ის ვინც დააპურე
და ის, ვინც დაგაპურებს.

The knife cuts open a mouth –
remember your oath!
You said you would come and rescue me:
me, the one you fed,
the one who will feed you.

რეტროსპექტივა

თავიდან იყო შიში
კიდევ იყვნენ ლექსები.
მერე მოვიდა კაცი,
როცა გაქრა ყველა სხვა,
მოვიდა კაცი –
გაქრა შიში,
მოვიდა ბავშვი –
შიშიც დაბრუნდა –
უეცარი სიკვდილის შიში. –
მერე მოვიდა იავნანას ტალღა – დამახრჩო,
მერე რძის სუნმა დამაყრუა –
ყველა ხმა გაქრა – ჩემის გარდა,
ისიც შიგნიდან რეკავდა, როგორც
ჩაგდებული (ზარის) ენა –
რბილი ლითონი.
ყველა ხმა გაქრა –
ეჭვიანი, თბილი, როყიო,
მონატრებული, ტკბილი
ანდა
მკაცრი, ლიტონი.
ანორექსია – სიყვარული
ძვალს და კანს შორის
ვერ იგუებს ზედმეტს – მესამეს,
ანუ ლექსები –
დარდიანი ჭირისუფლები –
მე – მიცვალებულს –
სათითაოდ გამომესალმნენ.
და როცა ბავშვი
დილის რძეს
და შუადღის ფაფას

Retrospective

In the beginning was fear.
There were also poems.
Then came a man –
everyone else vanished
when the man came,
and the fear vanished too.
Next came a child,
and the fear returned,
the fear of sudden death.
The wave of lullaby suffocated me.
The smell of milk deafened me.
All sounds vanished, except mine,
which rang from inside
like soft metal, like
the swallowed tongue of a bell.
All sounds vanished –
the jealous, the warm, the coarse,
the sweet and yearned-for,
the strict and simple.
Then anorexia – love
between bones and skin,
and a third party: the poems,
those grieving mourners
who could not get used to each other,
to me or the dead.
One by one they said goodbye.
And when a child,
between morning milk
and afternoon porridge
makes sounds, syllables,

შორის –
დებულებს –
მარცვლებს ამბობს,
მერე ურითმავს –
და სიტყვებს აგებს –
ფერად-ფერად პლასტმასის კუბებს –
მე ზუსტად ვხვდები – რისი თქმა გსურს
და რას გულისხმობ –
შენ – დედაჩემის დედაენა
შენ დედაჩემის დედაენა
შენ – დედაჩემი.

and rhymes them
and builds up words
like colourful plastic blocks,
I understand, I know exactly
what you're trying to say
and what you mean:
you – my mother's mother tongue
you my mother's mother tongue
you – my mother.

რატომ აღარ ვწერ ლექსებს

ლექსებს სჭირდება
სიბრძნე
– მითხრა
ჩემმა მასწავლებელმა,
დაიმახსოვრე,
ხელოვნური ვარდი
სჯობ ს ნამდვილს.
ლექსებს სჭირდება
ენა,
ენაში
უნდა დაფრინავდე,
როგორც სიზმრებში –
თეორიული ლინგვისტიკის
ლექტორმა მითხრა,
ლექსებს სჭირდება ემოცია,
უნდა მბურძგლავდეს,
მითხრა
ძველმა შეყვარებულმა,
ცოტა მუსიკა,
ცოტა რიტმი
და ბევრი
გრძნობა.
ლექსებს სჭირდება
მეტაფორა
გარდაცვლილმა პოეტმა მითხრა
პოეტი, როგორც მეტაფორა,
ლექსებს არ ჰყოფნის,
ლექსებს სჭირდება ეპატაჟი
ახალგაზრდა კოლეგამ მითხრა,
სიტყვების ერთად

Why I No Longer Write Poems

Poems need
wisdom,
said
my teacher.
Remember,
an artificial rose
is better than a real one.
Poems need
language –
you should fly
through language,
like in your dreams,
said the professor
of linguistics.
Poems need emotion –
you should get goosebumps,
said
my old sweetheart.
A little bit of music,
a little bit of rhythm
and a lot of
feeling.
Poems need
metaphor,
said the dead poet.
'Poet' as a metaphor
is not enough.
Poems need
shock value,
said

– მაგიდაზე ფეხების დალაგება,
ლექსებს სჭირდება საზღვარი,
ხაზი,
რომელიც არ უნდა გადაკვეთო,
ჩემმა თავმა მითხრა,
ლექსებს სჭირდება
ლაგამი.
– ლექსებს სჭირდები,
ერთხელ მაინც დაწერე,
რასაც ფიქრობ,
თუნდაც უაზრო,
ვულგარული,
ოღონდ გულწრფელი,
ერთხელ, ერთხელ მაინც დაწერე შენივე თავი.
– მითხარი შენ
და მე იმ წუთში
შევწყვიტე წერა.

a young colleague.
Words put together
like feet on a table.
Poems need boundaries,
a line
you don't cross,
I said to myself.
So
poems need
a bridle.
Poems need
you –
write
whatever comes to mind,
even if it's
meaningless,
vulgar,
as long as it's
honest.
Once, just once
write about yourself,
you said.
And in that instant
I stopped writing.

ზამთარი

როცა გავიგე, რომ გიყვარვარ, სიცილით მოვკვდი,
სიმღერ-სიმღერით გამასვენეს,
ჩრდილის სუდარამ
ვეღარ დაფარა სიცილის კვალი –
მხიარული და ღრმა ჭრილობა –
ჩემი – ახალი მკვდრის სახეზე.
სიცილით მოვკვდი –
ნუ მოძებნი რამე სხვა მიზეზს
როცა გაიგებ.
როცა გავიგე, რომ გიყვარვარ, ტირილით მოვკვდი,
(ზოგჯერ ახრჩობს ცრემლის სიმრავლე)
ხმით ნატირალი იავნანა,
ეს მდინარეც – ხმით ნატირალი,
გადამერეცხა ქვიშის ნაკვთები,
და უმიზეზოდ ახლაც არ ვკვდები
ტირილით მოვკვდი –
ნუ მოძებნი რამე სხვა მიზეზს
როცა გაიგებ.
ერთხელ სიცივით მოვკვდი,
როცა ჩემი სხეული
ისე გაიქცა შენსკენ,
თვალიც ვერ მივადევნე,
მაღალი ძაბვით – წყლის ნაკადში გამოხვეული
ფრთხილად შევეხე შენს წამწამებს –
შიშველ სადენებს.
შიშითაც მოვკვდი,
წყურვილითაც,
ხოლო შიმშილმა
ბოლო მომიღო
პურის სუნით, სუპის სითბოთი,

Winter

When I found that you loved me, I laughed myself to death.
They carried me out, singing their hymns,
but the gloomy shroud
could not hide the trace of laughter,
that joyful wound on my freshly dead face.
I laughed myself to death –
when you hear the news, don't look for some other cause.

When I learnt that you loved me, I wept myself to death.
(You can drown in tears, if there are enough of them.)
I cried a torrent of tears
that washed away my face like sand.
Yes, there are other things to die of,
but I wept myself to death –
when you hear the news, don't look for some other cause.

Once I died of cold.
My body ran to you so fast
my eyes could not keep up.
Ecstatic, swept along on a flood,
I touched your dry eyelashes,
the empty ducts.
I died of fear too,
and of thirst,
and hunger killed me
with the scent of bread, the warmth of soup.

But on the motorway
when the car came to kill me
I saw your crazy speed and gave way.

ხოლო, როდესაც
გზატკეცილზე მანქანამ მომკლა –
შენს გიჟურ ქროლვას ვუყურებდი და გზას გითმობდი.
და იჩხრიალოს სხვისმა ბამბამაც,
რადგან ჩემთან ჩხრიალებს თოვლი...
ჩხრიალა გველი – შენი პეშვით
წყაროს მსურს წყალი...
გიმხელ, რომ ვასწრებთ ერთად ყოფნას,
სიყვარულს ვასწრებთ,
და ისე ვასწრებთ
რა ხანია,
გადავუსწარით.

Go and rattle someone else's shroud –
I have the rattle of the snow, of the snake.

I want to taste spring water from your hand.
I want to tell you there is time,
we have time for love.
We have so much time
we outlived it long ago.

კარგვა

ბოლოს და ბოლოს ამოვხსენი
2 თევზის და 5 პურის იგავი,
ის, რაც ერთისთვის არ კმაროდა,
გაუნაწილო ასს, ათასს ან თუნდაც მილიონს,
და მაშინ, როცა, ერთი სიტყვაც არ იყავი –
ბაზრებში, მოედნებზე, ამფითეატრებში,
იმდენი ილაყბო, მთლად მიილიო.
ეს იგივეა, ფეხებმოჭრილმა ითევზაო
ხსოვნის წიაღში შენი ყავარჯნის ანკესით
რიტმის თევზები, ზღვის ვარსკვლავები, ერთი-ორი პა,
იმ ცეკვის, ასე რომ გიყვარდა,
მერე მორიგი სიმღერის ფრაზა,
ახლა უსმენ, უსმენ, არ გესმის.
ეს იგივეა, ამოთხარო ხსოვნის სიღრმიდან
ზმნის რომელიმე მკვდარი ფორმა,დაფლული
და ენის წვერზე გაიცოცხლო წვეთი თაფლივით,
Bellum omnium contra omnes, რაღაც ასეთი,
აწმყო, წარსული, მომავალი, მერე თავიდან
და მერე კიდევ, მთავარია იმ დროს ავსებდეს,
იმ უზარმაზარ ცარიელ დროს, რომელიც დაგრჩა
მეგობარი როცა წავიდა.

Loss

At last I solved the parable
of the five loaves and two fishes:
taking what was not enough for one,
and sharing it with a hundred, a thousand or even a million.
As if you amounted to nothing, not even a word,
yet wore yourself out in the markets, the squares
and amphitheatres, talking rubbish.
As if both your legs were broken,
and you used your crutch as a rod
to dredge up from the depth of your memory
the fishes of rhythm, sea-stars, one or two steps
of that dance you loved so much,
then a phrase of the next song –
you listen, and listen, but you can't hear it.
As if you dug out from the depth of your memory
some dead-and-buried form of the verb,
reviving it on the tip of the tongue like a drop of honey –
Bellum omnium contra omnes, or something like that.
Present, past, future, then back to the beginning
and back again – anything to fill the time,
that vast empty time which is yours
now your friend has left.

ძაღლები

სარკის ზედაპირი გავკაწრე კალმით
სარკის ზედაპირზე დავწერე ფრჩხილით
ფრჩხილებში მრჩება ვარსკვლავის მტვერი
თვალებში – სარკეში ჩახედვის სიფრთხილე.

ხმა, ბედნიერება, შეხება, წერილი,
დამსხვრეულ შუქს ვერც ვერაფერი ამთელებს.
კითხვიდან – მოწყვეტილ წამწამს ამომაცლი
თვალიდან ძაფივით შუქს – ციცინათელას,

ადამიანები უყეფენ ძაღლებს
ძაღლებს ეს ყეფა და წკმუტუნი ახელებს
– ადამიანები ხელსაც ვერ გვახლებენ!
კვდებიან ძაღლები, მერე სხვა ახალი
ძაღლები მოდიან, კაცები ყეფენ...
ველი მოთმინებით იმედის სიკვდილს.
ცოტაც და მოკვდება, სულ ცოტაც, ახლავე...
ყმუიან კაცები.
ყმუიან ძაღლები.
ქარმა ყვავილები ჩემს კვალზე მოფინა.
მე კი მიხარია,
ხვალიდან ვიწყებ
ახალ, უიმედო, მაგრამ მშვიდ ყოფნას.

Dogs

With my pen I scratched the mirror,
with my fingernail I wrote on the mirror.
I still have stardust under my nails
but wariness in the mirror of my eyes.

The joy of voice, touch, letter –
that light is broken beyond repair.
You tear out the light from my eye
like an eyelash, a firefly, a thread.

Men bark at dogs,
their barking and whimpering disturbs the dogs –
but nothing can touch us now!
Dogs die, and are replaced by new dogs,
men come and howl at the dogs.
I wait patiently for the death of hope.
Give it a bit, just a minute, it will die…
Men are howling.
Dogs are howling.
But as for me, the wind scatters
flowers on my path, and I'm glad.
Tomorrow I will begin again:
hopeless, but serene.

კავშირი

ხმაში თაფლიანი იელი ჩამიხმა
ხორხში – იავნანის სურო,
მივდივარ და სიტყვებს მაყოლებ – "ჩემი ხარ"!
იცი, ვბრუნდებოდი სულ რომ.
ვუყურებ –
გადამფრენი – მეტობის ნიშნები – ჩიტები –
ბანალური ქარგა –
როდესაც მიდიხარ – სამშობლოს იტოვებ,
როდესაც ბრუნდები – კარგავ.
გავდივარ ცარიელი, უშენო სახლიდან…
გასვლისას ოქროს თევზებს ვაქრობ
ჭერზეც და ზღვის ფსკერზეც –
მბჟუტავს დავტოვებდი –
შენ დაბრუნდებოდე აქ რომ…

Bond

The honey heather has dried up in my voice,
the lullaby ivy in my throat.
When I leave, your words follow – you are mine!
You know I'll always come back.
I watch the migrating birds – their sign in the sky –
and think of the old proverb:
go, and your homeland goes with you;
return, and it's lost forever.
I leave, and the house is empty without you.
I switch off the golden fish as I go
though I'd rather keep them flickering –
on the ceiling, in the deep sea –
for your return.

დამწყები მებაღის გზამკვლევი

1. სისხლი საუკეთესო საკვებია, საყვარელო,
   გული, ეს მფეთქავი ძირხვენა, გაჭერი,
   გახლიჩე, გადახსენი,
   შიგნით მოათავსე სუნთქვის ღერო
   მერე დაელოდე, აცალე...

2. როცა ბრძოლის ველზე ქარი აწვენს
   ბავშვებს – ახალბედა ჯარისკაცებს,
   ყუმბარა უხერხულად რომ მოუჩანთ
   შარვლის გაქექილი ჯიბიდან,
   სიკვდილი მრავლდება გადაწვენით,
   სიცოცხლე მრავლდება – ჯიბრით.

3. კალმით მრავლდება იმედგაცრუება,
   ზოგჯერ – კომპიუტერის კლავიატურითაც.

4. მზე ხალებს ხელუკუღმა გადმოგვაყრის
   შემთხვევით ღვივდება სიკვდილი.

5. გულს ხომ ვერ დაყოფ სიყვარულად?
   ამიტომ სათქმელი დაყავი,
   ყველა სიტყვას აქვს არმომხდარი
   და ვერმოსახდენი ამბავი.

6. ქარის სიმშვიდეს გააყოლე
   სიტყვები, სიტყვები, სიტყვები.

7. მთავარი წესია, ყოველ ღამით
   საწოლის სიღრმეში ჩაითესე,
   იმ დავიწყებებში ჩაითესე,

Gardening for Beginners

1. Blood is the best feed, my dear.
   Cut into the heart, the pulsing burdock root,
   tear it open,
   breathe steam into it
   then wait, let it work…

2. When the wind drops, the children lie
   like raw recruits on the battlefield,
   bombs sticking out
   of torn pockets.
   Death propagates by layering,
   life propagates by spite.

3. Disappointment propagates by the pen,
   sometimes by computer keyboard.

4. The sun showers us with moles.
   Death breeds accidentally.

5. Can the heart be divided?
   Instead, divide what you want to say.
   Words tell a story that didn't happen,
   that could never happen.

6. Let the words, words, words
   scatter on the wind.

7. First rule: every night
   plant yourself deep in the bed,
   plant yourself in forgetfulness,

სადაც შენი სუნი აღარ ახსოვთ,
რომ ან გაიღვიძო
ან აღარასდროს...

where no one remembers your scent.
Maybe you'll wake in the morning,
maybe never...

გველი ეზოში

გველმა ეზოში გაისრიალა.
ჩემი დაღესტნური სამაჯური
გაცოცხლდა და სამოთხის ბაღს ესტუმრა.
გველმა ეზოში გაისრიალა,
თითქოს მზის სხივი დაჟანგდა
ვენუსის მომტვრეული ხელებით ვიცეკვე.
გველმა ეზოში გაისრიალა –
მეზობელმა თავი გაუჭეჭყა.
თითქოს მზეს ჭიპლარი გადაუჭრეს.
ცალკე მზე იცლება სისხლისგან,
ცალკე – გველს ჩაუქრა ელვარება,
ცალკე – მე მაბრმავებს სიკვდილის
სილამაზე.

გველმა ეზოში გაისრიალა –
ბაღი და ხის ჩრდილები წაიყოლა
და ხსოვნის სამოთხეც.

Snake in the Yard

A snake came gliding into the yard.
My Dagestan bracelet
came to life and visited the Garden of Eden.
The snake came gliding into the yard
like a rusty ray of sunlight
while I was dancing like Venus with broken arms.
The snake came gliding in the yard –
my neighbour smashed its head.
Now the sun is slashed at the navel, bleeding,
and now the snake's gleam is gone,
and now I am blinded
by the beauty of death.

The snake came gliding into the yard –
and took with it the garden, the shade of the trees,
the remembered Eden.

კენტავრის შესახებ

ნეტავ რა ვძოვეთ,
რა იონჯა,
შვრია,
რა ქერი,
ან რა უცნაურ საიდუმლოს
ფაფრით დავები,
რომ ნაწვიმარზე მომრავლებულ
სოკოებივით
ცხენის ტანებზე ამოდიან
კაცის თავები.
(მეტროში ვზივარ და საკუთარ ფლოქვებს დავყურებ,
წვრილქუსლიანი ფეხსაცმელი უნდა მენალოს,
გამიჭირდება ამ პანდორას ყუთის დახურვა
ქროლვის სურვილის – ამ რვათვლიან რიტმში მიმალვა)
(სარკესთან ვზივარ და წაბლისფერ ფაფარს ვივარცხნი,
ალისფერ ბაფთებს ჩავიმაგრებ – დათქმულ პირობებს,
შემავალი და გამავალი – სიტყვა და ლუკმა –
და ნატყვიარი – ბაგე მეწვის როგორც ჭრილობა).
ნეტავ რა გვრჯიდა,
რა არენა,
დოღი,
ჯირითი,
ან რა საპალნის – წყლის და პურის –
ზურგით ტარება,
რომ
მზის ჩასვლისას
თვალებს – ძილი,
სახლებს – ჩრდილები
კაცის თავებს კი გამოებნენ
ცხენის ტანები.

Centaur

I wonder what we grazed –
barley,
oats,
alfafa –
or to what strange mystery
I was tethered by the mane,
to make the heads of men
grow on the bodies of horses,
sudden
as mushrooms after rain.
(In the metro I sit and stare at my own hooves.
I should be wearing horseshoes instead of heels.
It won't be easy to shut this Pandora's box,
This urge to run, or to hide in a cantering verse.)
(I sit at the mirror and comb my chestnut mane.
I fix it with crimson bows, like broken vows –
a word here, a crumb there, all shot to bits
and my mouth burning like a wound.)
I wonder why we cared
which course we ran,
which race
we galloped,
or which load of bread and water
we carried on our backs,
all so that we could
close our eyes and sleep
and when dawn came
shadows would attach to houses
and men's heads to the bodies of horses.
That's how it started,

და რადგან მაშინ დავიძარით
როცა შევდექით,
ამ უცნაური მუტაციის
ვიმკით შედეგებს.
ცხენიც და კაციც.

and now it’s over
we reap the fruits
of this strange mutation.
Both horse and man.

etc

მკვდარს – თაფლი,
ხოლო ძველ სიყვარულს სიტყვა ინახავს –
მახსოვდეს.
სამკაულების ზარდახშაა პანდორას ყუთიც –
გოგოების იაფი განძი –
გახსნამდე.
თვალებმა საქმე შეიცვალეს
წვერწამახულს თლიან წამწამებს
და ჭამენ ბუზებს.
ტუჩებმაც საქმე შეიცვალეს –
დაბზუიან კოცნის ბუტკოებს,
მტვერს და ბუსუსებს.
სიტყვა უვნებლად ინახავს ცხედარს –
გაუხრწნელს, ლამაზს –
სწორედ ისეთს, როგორც ვხედავდი.
სულეთის გზიდან მოვაბრუნე
ცხენიც, მხედარიც.
ადამიანი შევინახე სიტყვებში –
ცეცხლში –
სციოდა, ალში გავახვიე.
და ვერცხლისფერი ფერფლი ცვივა
და კვამლის თევზების ფარფლებია
და კვამლის ჩიტები ფარფარებენ
და მაინც შუქია არნახული.
თითქოს წარწერა წავიკითხე
ტაძრის ძველი ქვის,
თითქოს ფორთოხლის ყვავილებით აყვავდა
ძელქვა.
მესამე ცდაზე შევინახე
თვალების წყალში

etc

Honey preserves the dead
but old love is preserved by words –
I must remember.
Pandora's box is just a treasure-chest
of girls' cheap jewellery,
until it's opened.
Then eyes do different work –
they grow long, slender lashes
and eat flies.
Lips too do different work –
they hum over the flower,
kissing the stamen and stigma.
Words keep the dead body
whole, beautiful,
just as it used to be.
From the spirit kingdom I brought back
the horse and horseman.
I saved the man
with the fire of my words.
He was cold, so I wrapped him in flames.
And silver ashes as they fell
were the fins of smoke-fishes,
and fluttering smoke-birds,
and the fire gave off an incredible light,
as if I read an inscription
on an ancient stone temple,
as if orange-blossom
grew on a poplar tree.
On the third attempt, I saved him
in the water of my eyes

და საგულეში გულის ნაცვლად წყალი ჩამიდგა
და წყლის ზედაპირს ნაფეხურებს ამაოდ ვაშლი.
მაინც გავიდა სამი ღამე და მესამე დღეს
თვალის სიღრმეში ჩაიძირა – თავსხმა – ემბაზი.
და თავწაჭრილი ქათამივით ფართხალებს გული
ყოველ მორიგ გახსენებაზე.
როგორ, რა ძალით დავივიწყო –
სულს მოვითქვამდი...
მოვიჭერი ძირში ენა და
ვფიქრობ, ჩემივე სისხლის დენას
თავდაღმა დავყვე
ხორხამდე,
ანდა ფილტვებამდე
ან მკვდარ სიტყვამდე.
მკვდარს – თაფლი,
ხოლო ძველ სიყვარულს სიტყვა ინახავს –
მახსოვდეს.

and the water took the place of my heart,
where my heart used to be,
and I could not erase my footprints from its surface.
Three nights passed, and on the third day
he drowned in the deep font of my eyes.
At each memory the heart shudders,
like a hen whose head has been axed from its body.
How shall I find the strength to forget,
to be restored?
I have cut off my tongue at the root.
I'll follow the trail of blood
down my throat
to my lungs,
to the dead word itself.
Honey for the dead,
but old love is preserved by words –
I must remember.

დაკარგვა

სახლიდან გავიდა და აღარ დაბრუნებულა.
გახუნებული პალტო ეცვა,
ბოლოს რომ ნახეს,
ხოლო ჯიბიდან მოუჩანდა ხახვის ფოჩები –
მეზობელთან, ხახვზე გავიდა,
პალტოთი?
ცოტა საეჭვოა მისი მიზანი,
უბნის ცნობილი ჭორიკანა, ანდაც მისანი
როგორც აღნიშნავს, შესაძლოა პურზეც წავიდა,
ცხელ შოთის პურზე გაუცვლია ტყვიის მასრები,
და აღარავის დაუნახავს იგი მას მერე.
არც განცხადება გამოუკრავთ,
არც მოწყენილ და ლამაზ დიქტორს
გადმოუცია ახალ ამბებში,
არც მიადევნეს კვალში ძაღლები
ადამიანის სუნზე დაგეშილი.
ის უფრო ხშირად იკარგება,
ვინც არასოდეს გასულა სახლიდან.
ვინც სახლმა ჩაყლაპა, სახლმა მოინელა,
ჭერმა, ხალიჩამ, ჭაღმა, კარადამ
ვინც გარეთ გასვლა გადაავადა
და მერე საერთოდ, გადაიფიქრა.
მეზობელთან ხახვისთვის კი არა,
წნევის გასაზომად გასვლაც ითაკილა.
სახლიდან არ გასულა
და არც დაბრუნებულა...
ისე დაიკარგა...
დიდი ხნის მანძილზე იწერებოდა
ეძებდა, კითხულობდა
ვიღაც ქალი ითაკიდან...

Lost

He left the house and never came back.
He was last seen in a faded coat
with onion skins poking from the pocket –
did he call on his neighbour to borrow some onions,
wearing his coat?
It's a bit suspicious, as the local gossips
and soothsayers agree.
Perhaps he went for hot Georgian bread,
swapping bullets for *shoti puri* –
and no one has seen him since.
They didn't put up a Missing Person notice,
nor did a sad and beautiful presenter
announce it on the news,
nor did they track him
with sniffer dogs.
It's more common to get lost
without ever leaving the house.
To be swallowed by the house, digested
along with the rug, chandelier and wardrobe.
To plan to leave,
then change your mind completely.
To refuse to go out
even to have your blood pressure tested,
let alone call on the neighbour for onions.
He did not leave the house,
and he did not return –
that's how he got lost.
And some woman from Ithaca has been writing,
making enquiries, seeking…

უკუღმა

ცოტა არ იყოს, მოსაბეზრებელია ხელებზე სიარული.
მხოლოდ სხვის ფეხის თითებს, ფრჩხილებს და
 კოჟრებს ითვლიდე,
ფეხსაცმელებსაც და ქვეშ მოჭყლეტილ ლოკოკინებსაც.
თან ზოგჯერ, მზეში, ისე მეწვის ფეხისგულები
ღამით მაწვნის კომპრესებს ვიდებ.
ცოტა არ იყოს, მოსაბეზრებელია ხელებზე სიარული,
ტრანსპორტში გიცდია? რა მწარეა ხელებზე ფეხის
 დაბიჯება,
ზოგჯერ ქუსლიანი ფეხსაცმელი, ზოგჯერ სქელი ლანჩა,
საღამოობით დამტვრეულ თითებზე მათ ისტორიას
 ვკითხულობ.
ჯიბეებსაც ველარ ვიყენებ – ხურდა, წერილები,
 ხელსახოცი
ყველაფერი ქვემოთ მიცვივა.
თანაც აღარავის უკვრის ჩემი ხელებზე სიარული.
ცოტა არ იყოს, მოსაბეზრებელია.
ბოლოს და ბოლოს გადავწყვიტე, დროა შევეშვა,
დიდი ხანია, დროა, უკვე აღარ მიყვარდე.

Upside-Down

Walking on your hands is a bit boring.
Nothing to do but count toes, toenails, corns,
shoes and the snails squashed under them.
The soles of my feet burn so badly in the sun
I have to apply a yogurt compress at night.
Walking on your hands is a bit boring.
Have you ever tried it on public transport?
The bitter pain when a foot steps on your hands,
wearing high heels, or thick soles –
in the evenings I read their stories on my broken fingers.
And I can't use my pockets either – small change, letters,
handkerchief, everything just falls out.
Besides, no one's impressed when I walk on my hands,
it's a bit boring.
It really is time to stop doing it –
I've finally decided not to love you anymore.

იმუნოდეფიციტი

იცოდე, როგორ მეშინია
ჩემი და შენი შერევის,
ნეტა.
როცა ასეთი ზამთარია,
როცა გვცივა და გვაფარია
ღამის ნოტიო ნატი.
იცოდე, როგორ მეშინია,
სისხლი აქერცლილი ნუნებიდან,
ან ბაგე – სრულიად უვნებელი
არ გახდეს მიზეზი რამე
ძალიან საშიშის გადადების,
სატრფოდან ჩემი
გადედების
შენთვის.
ამის თავიდან აცილება
ვცადე – ავივსე, დავიცალე,
როგორც ვერცხლის თუნგი, დაჟანგული
წყაროსთან დიდხანს გდებით.
მიყურებ შეცოდებით ან ამრეზით,
ასეთია ჩემი ანამნეზი –
სუსტად ვარ –
ხელისკვრით დავიმტვრევი,
თვალების დახუჭვით – ვკვდები.

Immune Deficiency

Know how afraid I am
to be mixed up with you like this –
in the middle of winter,
cold, and smothered
in night's damp suede.
Know how afraid I am
of blood from torn cuticles
or from the mouth, though I'm not injured.
Afraid of contamination,
of catching this mortal disease
that could turn me from your sweetheart
into your mother.
I try to avoid it.
I am filled, I am emptied,
like a silver flagon, tarnished
from lying too long by the spring.
Now you look at me with pity, or disgust –
and that's my diagnosis.
I feel so weak
I could be crushed with a hand,
I could die just from closing my eyes.

ახლომხედველის ტრაექტორია

ბედნიერება – ახლოხედვის ტრაექტორია...
ზედაპირი გლუვი, უნაკლო,
ფორმა – რბილი და არამკვეთრი –
(რაც ნიშნავს ლამაზს),
ფერები – ბაცი და ლიცლიცა –
მაძინებს ლამის
მოსიარულე შუქ-ჩრდილების უწყვეტ დენაში –
მე ასე ვხედავ ადამიანებს.
ბედნიერება – ახლოხედვის ტრაექტორია –
სწორედ ეს ჩემი მინუს ხუთი –
მზერის მანძილი –
მაძლევს უფლებას სულ სხვაგვარად გესიყვარულო –
ვთქვა – შენი ტკბილი, ტკბილი კანი,
ვთქვა შენი სუნი – რძიანი ბრინჯი –
შენი ხმა – თითქოს ორთქლი ასდის მოცხარის ჩაის –
ისე ვთქვა,
თითქოს გეფერები თვალახვეული.
ჭიანჭველებად გაცოცდება ბრაილი კანზე.
ბედნიერება – უფლებაა ვეღარ ვარჩევდე
ჩემს თავს სარკეში –
სილუეტი ძალიან მომწონს –
შეირხევა და უკვე პაა
და პასადობლი...
ბედნიერება – ახლოხედვის ტრაექტორია,
როცა ბოლომდე დავბრმავდები –
ალბათ სამოთხე.

The Trajectory of Short-Sightedness

Happiness is the trajectory of short-sightedness.
Its surface is smooth, flawless.
The sharp edges of shapes are softened,
colours so pale and shimmering
they make me drowsy.
A continuous stream of walking light and shade –
that's how I see people.

Happiness is the trajectory of short-sightedness.
This precise minus-five length of my vision
allows me to love you in quite a different way.
To say: your sweet, sweet skin.
To say: you smell of milky rice,
and your voice is like the steam from currant tea.

As if I caressed you blindfold,
sent braille running over your skin like ants.
Happiness is the right not to see myself
too clearly in the mirror –
I like my silhouette.
It moves, dances a step,
a *paso doble*...
Happiness is the trajectory of short-sightedness.
When I go completely blind
I think it will be paradise.

სუროგატი

რა შეიძლება მოამწიფო ამ ფუღუროში?
შეხვედრების ლოდინი, მარტოობა
უეცარი შეხვედრის შიში, კიბო,
ბავშვი ან გაზაფხული.
მე ვამწიფებ სხვების სიყვარულს.
ლამაზი წყვილი
გამჭვირვალე ფარდების მიღმა,
გოგოს დრეკადი ხერხემალი
ბიჭის მკვრივი სხეული
ხან ერთი დგას მუხლებზე,
ხანაც მეორე –
არ ლოცულობენ, უყვართ.

მე ვეფერები საკუთარ მუცელს,
ჩემს სხეულში გამოვაზამთრე
მათი გიჟური სიყვარული,
მათი მჩქეფარე სიყვარული,
ყოვლისწამლეკი სიყვარული,
მათი პირმშო და ჩემი შვილი...

ცხრა თვე ფანჯრიდან მათ ცხოვრებას ისე ვუყურებ,
როგორც მსხვერპლი -ჩაბღუჯულ დანას,
და მეჩვენება, გადახტომას თუკი გავბედავ,
მათ ფანჯარასთან შენელდება ვარდნის სისწრაფე –
მათ ფანჯარასთან შენელდება ვარდნის სისწრაფე –
დაიბადება არაჩემი და მათი ბავშვი.

Surrogate

What can you nurture, here in this hollow tree?
The hope of a meeting,
the fear of a sudden meeting,
loneliness, cancer, a child, or Spring?
What I nurture is other people's love.

A beautiful couple
seen through light curtains.
A supple girl,
the firm body of a boy.
Sometimes one kneels,
sometimes the other –
not in prayer, but in love.

I stroke my own belly.
Hibernating in my body I have
their mad love,
their seething love,
overwhelming love,
their first-born, and my child.

For nine months I have watched their life like this,
as a victim watches the clutched knife,
and it seems to me that if I dare to jump
my fall will slow as I pass their window –
my fall will slow as I pass their window –
and the child that is born will not be mine but theirs.

არჩევანი

უბიწოდ ჩასახვაზე მარტივი
უშვილო დედობაა.
უქვეყნო მეფეს მართავდე
არაფრის დედოფალი.

პანდორას ყუთიდან მოვიზომე
კეთრის სარაფანი,
ცულის წვნიანს ვხარშავ, მოიყოლე
ორიოდ ნაჭერი არაფერი.

დროულად გადმოდგი, მოგაბარე,
დღეში რამდენჯერმე მოურიე,
თვეში რამდენჯერმე მოურიე.

უშენოდ ყოფნაზე ადვილი
უჩემო ცხოვრებაა.
უჩემოდ ყოფნაზე ადვილი
უჩემო ცხოვრებაა.

The Choice

Being a childless mother is easier
than immaculate conception.
Ruling a king without a kingdom,
queen of nowhere.

I am trying on the plague dress
from Pandora's box.
I am boiling soup from an axe
and a few pieces of nothing.

Don't leave it on the fire too long, I tell you.
Stir it several times a day,
stir it several times a month.

Life without myself
is easier than being without you.
Life without myself
is easier than being without me.

ცრემლები ჭიქაში

ყველა ლექსი მკვდარ ენაზეა დაწერილი,
როგორც არ უნდა ავამეტყველო, ავახმიანო,
გავშიფრო, წავიკითხო, გავაცოცხლო,
მაინც სადღაც რჩება დრო, როდესაც
ამ ენაზე უყვარდათ, ეძახდნენ, ტიროდნენ.
მკვდარ ტექსტს რაღა გააცოცხლებს,
თოჯინას კიდურები აუმოძრავო,
ზმნას პირი შეუწყო, სახელს მრავლობითი,
ზედსართავებში ფერი ჩაასხა,
ზმნიზედებში – მოვლენები,
მაინც არაფერი გამოდის –
ხელოვნური სუნთქვით
ქვა როგორ გავაცოცხლო?
ან თიხის ფირფიტა, პერგამენტი თუ ეტრატი.
ყველა ლექსი ბილიგვაა, ორ ენაზე აწერია
ერთი – საშენო, ერთიც საჩემო,
მკვდარი გოგოს ამბავი, ცოცხალი გოგოს ამბავი –
ნეკროლოგი, ნიუსი, განაჩენი
ჩემი მკვდარი და სხვა ყველა დანარჩენი.

ბიჭი ძალით ტირის და ჭიქაში ცრემლებს აგროვებს,
ცრემლები ჭიქაში და ჭიქაში ქარიშხალი,
ყველა ლექსი მკვდარ ენაზეა დაწერილი
და არც არავინ გამოჩნდა,
ლურსმნული კაკუნი სიჩუმეში –
დამიშალოს...

Tears in the Glass

All these poems are written in a dead language,
however I try to make them speak or sound,
decipher them, read them, revive them.
Not long ago
they loved in this language, they called, they cried.
What does it take to revive a dead text,
to make a doll's limbs move?
Attach verb to pronoun, make a noun plural,
pour colour into adjectives, events into adverbs –
nothing works.
How can I give the kiss of life to a stone,
a clay tablet, oiled paper or parchment?
These poems are all bilingual, written
in one language for you, another for me.
Story of a dead woman, a living woman,
obituary, news, verdict –
my dead, and all the rest.

The man makes himself weep
and gathers his tears in a glass.
Tears in a glass, storm in a teacup.
All these poems are in a dead language,
and no-one has come to forbid me
from tapping away in the silence.

საღამო

'საღამოს საღამო მოვა' – გიორგი

საღამოს საღამო მოვა –
ამბობს პატარა ბიჭი
ათას უსარგებლო წვრილმანს
ამოყრის ქურთუკის ჯიბიდან.
წვნიანში შეცურავს გემით,
ორ კოვზში შეხვრიპა გემო,
სულ ცოტა შიმშილის ხათრით,
რაღაც აუხსნელი ჯიბრითაც.
საღამოს საღამო მოვა,
საღამოს გავშალოთ ლოტო
ახლა კი რვეულის ბადიდან
გამოვხსნათ წითელი თევზები,
თორმეტს მივუმატოთ ხუთი
ნუ დახრი, გამართე ნაწერი!
ბიჭი კი საფიქრალს მისდევს –
– დე, აიანტი თუ თეზევსი?
საღამოს საღამო მოდის,
როგორც შემთხვევითი მგზავრი
ან მოხეტიალე ცირკი
ან მოსალოდნელი სტუმარი,
რთავს ხმაურს – სიცოცხლის მუსიკას,
და სუნთქვას იჩერებს სრულებით
რადგანაც ოთახის კუთხეში –
ჩრდილებით თამაშობს ბიჭი
ჩრდილებით თამაშობს ბიჭი
და დავიწყებულთა სულებით.

Evening

'The evening will come in the evening' – Giorgi

The evening will come in the evening,
a small boy says.
He will pull a thousand tiny useless things
from the pocket of his coat.
He will sail a boat across his soup,
once he's slurped up a couple of spoonfuls
for the sake of hunger,
or out of stubbornness.
The evening will come in the evening,
so let's get out the lotto,
let's free the red fishes
from the net of the notebook,
let's add five and twelve,
don't write lopsided, write straight!
But the boy follows his own train of thought –
Mum, Ajax or Theseus?
The evening comes in the evening,
like a wanderer,
a travelling circus
or a long-awaited guest,
bringing a whirl of sound, the music of life.
But then its breath is cut –
because there in the corner the boy
is playing with shadows,
playing with shadows
and long-forgotten souls.

ბავშვები

ეს მწვანე, რაც გინდა დაარქვი –
– თუნდ ბრილიანტინი,
ალაგებს ჭრილობებს, მოცელავს ანტენებს,
და ერთ კადრს აჩვენებს ამ ფანჯრის ჩარჩოში –
ჩემს ტელევიზორში:
ბავშვები –
ბავშვები ქვიშიან ნაპირზე
ეძებენ ნიჟარებს.
ეს მუქი,
რაც გინდა დაარქვი, თუ გინდა იოდი,
ასეთი ფერია ის სისხლი, რომელიც ყელიდან
სდიოდა
მას, ვისაც უშველის ან ვეღარც უშველის
მზის სხივის პლასტირი,
ჩვენ კიდევ ჭრილობას დავაკრავთ
ქაღალდის ყვავილებს,
ბრჭყვიალა ფანტებს და
პლასტელინს.
წითელი –
რაც გინდა დაარქვი, სისხლი ან მარწყვია,
ის ამბობს – მიმღერე, დედიკო,
მე ვხედავ – ქუჩაში ბავშვები აწყვია
მიჯრით, მიყოლებით –
თეთრები, შავები –
ეს მკვდარი გამები...
და ღია თვალები –
თითქოსდა მარცვლები
დაებნა მღვდელს
კრიალოსნების –

Children

This brilliant green, call it what you like –
antiseptic, diamond green –
it heals wounds by cutting the signal
so my television shows a still
like a view framed by a window:
children –
children on a sandy beach,
looking for shells.
This dark stuff – call it
whatever you like, could be iodine –
it's the colour of the blood
that poured from his neck.
Not everyone can be saved
by applying sunlight to the wound
like a sticking plaster,
or with paper flowers
and shiny sweet wrappers
and plasticine.
Red –
whatever you call it, blood, or strawberry –
says *sing to me, Mummy*.
I see children laid out in the street
side by side, in a row:
white, black,
like a dead spectrum,
and their open eyes
like rosary beads
spilt by a priest.
Please don't hurt my child,

გთხოვ, ჩემს შვილს ნუ ატკენ,
უბრალოდ მოკალი –
ამასღა ვოცნებობ...

just kill him –
that's my one wish.

ტყე დგას ფანჯარასთან

ტყე დგას ფანჯარასთან,
შრიალებს,
დამფრთხალი ციყვებით მიყურებს,
ხმების ჰამაკში ირწევა,
ხან გარბის, ხან ბრუნდება,
ცნობისმოყვარე და უღრანი.
– ჩემია ყველაფერი რაც გაქვს –
შენი შვილის ფიჭვის სუნი,
დაბმულ ძაღლს რომ მზერა აეშვება -
ეგ მოუხელთებელი სიველურეც,
ტყე დგას ფანჯარასთან, მიყურებს:
– ჩემია ყველაფერი, გამოდი,
საკუთარ თავზე გამოსცადე,
აბა ნახე თუ გადარჩები.
ჩემია ყველაფერი, გასწავლი –
გადარჩენილი შველი შემთხვევითობაა,
ხოლო შეჭმული – სტატისტიკა.

The Forest at the Window

A forest comes and stands at my window,
rustling,
watching me with the nervous eyes of squirrels.
It rocks me in a hammock of sounds.
It vanishes, then reappears,
strange and deep.
Everything you have is mine –
the fir-tree scent of your child,
when the dog's glance slips its leash –
And this thorny wilderness,
this forest at the window, watches me:
All this is mine, come out here,
test yourself,
let's see whether you can survive.
All this is mine, I will teach you –
the fawns that get eaten are just statistics,
the one that survives is an accident.

ტყვეთა გაცვლა

რაც მავიწყდება და ყოველდღე რასაც ვიხსენებ,
შეღამებისას გამოება ჩრდილებად ნივთებს.
და ვარ ბავშვივით, შეხორცებულ მუხლს რომ იჩიჩქნის,
სტკივა – ერთობა, სტკივა და ითმენს.

ტყვეთა გაცვლაა სიყვარულის და ომის შემდეგ,
დაგამარცხეს თუ დაამარცხე, გძლიეს თუ სძლიე
დავიწყებულს და გადაკარგულს იბრუნებ შენს თავს –
სანაცვლოდ ატან მას,
ვინც გიყვარს ყველაზე ძლიერ.

Exchange of Prisoners

Everything I forget and remember by day
clings to me like shadows at dusk.
I'm like a child picking a scab on her knee –
it hurts, but she's enthralled, so she bears the pain.

After love or war, prisoners are exchanged.
You won or lost, they were stronger or you were.
So you return your lost and forgotten self –
in exchange you give away
the one you love the most.

გართობა

ჩრდილმა სხეულის ქანქარა გადახარა
მიწისკენ მიწისკენ მიწისკენ მიწის
პირია დაფჩენილი და ჩემი საკუთარი
სიკვდილი შვილივით მუხლებზე მიზის.

გახსნილ ჭრილობებში ხელი აქვს ჩაყოფილი
და თეთრ ბურთულებზე ეტიუდს უკრავს
მორიგი ლუკმა და პირთან დავახვედრე
ჩვილის წინსაფარი კიდევ ერთ ვულკანს.

ერთობა, სპილოს და კაცის ძვლებს აჩხარუნებს
თოჯინებს სხეულის კიდურებს უბამს.
ახლა ჩემს თვალებში ჩავიწვენ, დავაძინებ
მას – მენელსაცხებლეს და ჭირისუფალს.

ნატკენი მუხლი მოვბანე, დავამშვიდე,
რომ დასავიწყებლად საკუთარ ქორწილს
ნუ ელის, ნურც ჩემსას. საქმროდ რაღად მინდა
ვინც ხან ღვიძლს მიკორტნის, ხან შუბლზე მკოცნის.

Entertainment

The shadow bends life like a pendulum
to earth, to earth, to earth
which gapes open like a mouth, and my own
death sits on my knee like my child.

Each bite of food stirs like a hand in an open wound,
plays an étude on the white blood cells.
I have a bib to hand, ready for the next disaster
when it erupts like a volcano.

Death entertains itself, rattling elephants' bones
and men's bones, arranging the limbs like dolls.
Now I lay him down in my eyes and put him to sleep,
that bringer of myrrh and mourner.

I wash his hurt knee, I calm him,
so that the wound need not wait to heal
till his wedding, or mine.
What use is he as a fiancé, he
who now pecks at my liver, now kisses my brow?

ორკესტრი

მეტროს ვაგონი ნახევრად ცარიელია,
ნახევრადსავსე –
სუნთქვებით,
 თავისუფალი ადგილებით,
სუნით, ხელების უხერხული მოძრაობით,
რიტმით, შარფებით, თბილი ქურთუკებით.
კუთხეში ვდგავარ, აქედან მოსმენა ადვილდება.
პირველი სუნთქვა ბავშვისაა,
ოდნავ გაჭედილი,
 სურდოიანი ცხვირით ხრუტუნებს,
ნესტიანია ხელთათმანი,
ჯიბეში რბილდება კარამელი.
მეორე სუნთქვა დაღლილი და არითმიული,
ჩამტვრეულ კბილებს შორის იპარება
მთქნარება,
ხელის უდროოდ მიფარება
ღიმილი – უხერხული, ერთწამიანი.
მესამე სუნთქვა ხმამაღალი,
უფრო ხროტინია,
ხის უხეშ მერქანს ამუშავებს
თითქოს ხარატი,
დამღლელი ძილი,
ბზრიალით მირბის
აწყვეტილი ღილი ხალათის.

მეოთხე სუნთქვა ვარდისფერი ბაგეებიდან
ვარსკვლავებივით თვალებს ეხება, შეჰხარის,
შეყვარებული მელოდია, თანწყობა
თითქოს ვაგონში საიდანღაც
 მერცხალი

Orchestra

The metro coach is half empty,
half full –
with breath, with vacant seats,
with smells, with awkward gestures,
with rhymes, scarves, and warm fur coats.
I stand in the corner, I can listen from here.
The first breath belongs to a child,
half-stifled, sniffling with a cold.
One of her mittens is damp,
a toffee is melting in her pocket.
The second breath is tired and uneven.
A yawn escapes through broken teeth,
and a hand covers it, too late,
then a quick smile of embarrassment.
The third breath is loud,
more of a rattle,
like a woodturner working rough timber –
a weary snore
that pops a button from his shirt
and sends it spinning.

The fourth breath comes from rosy lips.
A love-song – blissful, starry-eyed,
with full harmony, as if
a swallow had flown into the coach somehow.
And the fifth breath is mine.
I'm listening to it,
nose tucked into scarf,
annoyed with myself, wishing I could
tune the instrument of breath more precisely.

შემოფრინდა.
მეხუთე სუნთქვა ჩემია,
ვუსმენ კაშნეში ცხვირჩარგული
საკუთარ თავზე გავბრაზდი და
ვისურვებდი,
უფრო ზუსტად რომ გადამეწყო
სუნთქვის ინსტრუმენტი.
დიდი ხანია, ჩვენს თავს თითქმის
არასდროს ვუსმენთ –
ატონალობას და აცდენებს,
შეცდომებსა და უზუსტობებს
ამოსუნთქვებსა და ჩასუნთქვებს...
არადა, ჩვენი არცოდნების პატიება,
ბოლო წუთამდე ან მეტროს ბოლო სადგურამდე
უნდა მოგვესწრო:
– დილეტანტების,
მოყვარულების
ორკესტრო!
რადგან უკვე ჩანს, ირეკლება
კარის მინაში,
– ვინც აგვაჟღერებს საკუთარი ჯოხის გარშემო,
საკუთარი ჯოხის წინაშე...

We rarely listen
to our own breath,
the exhale and the inhale
off-key, off-beat,
full of errors and inaccuracies.
What an orchestra
of dilettantes,
what amateurs!
But let's forgive ourselves these faults
before it's too late,
before the last metro stop.
Because already, reflected
there in the glass,
are our conductors: those
who would beat time for us to follow,
those who would beat us down.

მკის სიმღერა

ზაფხული მომკის ჩემს ხელებზე
თარიღებს, ვადებს,
სიხარულის ძნას თვალებიდან.
ჩვილის აკვნიდან
მომკის შეხების ბამბაზიას
და კიდევ რამდენ
პირველ შეგრძნებას –
მოისმინა, ნახა, გაკვირდა.
ზაფხული მომკის დავიწყებებს და მომკის ხსოვნებს,
დამტვრეულ სხეულს
– როცა ჩაწყდა შენი ხმის თოკი –
რომელზეც დიდხანს დავდიოდი
და ერთ დღეს ჩაწყდა . . .
უპასუხობის ლურჯ ყვავილებს ზაფხული მომკის.
სიტყვაა ჩემი ბანიანი სახლი და ვტკეპნი,
სიტყვა „მიყვარხარ“ დავაშენე
– ყარყატის ბუდე.
გამოიჩეკო იქნებ ერთ დღეს სარკიდან, ქვიდან –
ფრენა გასწავლო, გაფრინდე და აღარ დაბრუნდე.
ზაფხული მომკის... ბალახებში ქოშები დამრჩა –
წყვილი კალია...
სიცილივით ელვარებს ცელი.
თმის ბოლოებს და სიყვარულსაც
ზაფხული მომკის.
ყველაზე მოკლე დასასრული,
ყველაზე ჭრელი.

Reaping Song

Summer will reap the days,
the time on my hands,
the sheaf of joy from the eyes.
It will reap the touch of flannelette
from the baby's cradle,
and all the many first sensations –
he listened, saw, was surprised.
Summer will reap forgotten things
and remembered things –
the broken body,
the broken rope of your voice,
on which I walked a long time
until one day it snapped.
Summer will reap the mute blue flowers.
The word, like a house with snug flat roof.
My crime of passion,
my stork's nest.
Perhaps one day you will hatch
from the mirror, from the stone,
learn to fly, and never come back.
Summer will reap me.
I left my slippers in the grass
like a pair of grasshoppers
and the scythe will flash like a smile.
Summer will reap my hair,
will reap love too:
the quickest of endings,
and the brightest.

ივლისი

ბაბუაწვერას სულს ვუბერავ –
უმსუბუქეს შორისდებულებს სივრცეში ვგზავნი –
აჰ, ოჰ, ვაჰ, უჰ, ეჰ...
ვავრცელებ.
სიცხე ისეთი ხვავრიელი ნიადაგია,
უცებ მრავლდება ყველა ლერწი, ყველა მარცვალი.
ივლისის ღამე...
ფოთოლიც კი არ იძვრის არსად,
ღამემ თავისი თავი გაათრია,
გაათენა.
ისე ცხელა, რომ დადნებოდა
მარმარილოს გალათეა.
შორისდებული – ბუსუსები ეჭიდებიან
მინებს კორპუსებს უფაქიზესი საცეცებით
დავდივარ.
მინდა მეც ვირგუნო ამოსუნთქვები ნამცეცებად.
რადგანაც ვიცი ვიღაც არის, ვინც მუდამ არის,
ვისაც, ნებსით თუ უნებლიეთ,
ერთ დღესაც უნდა თავისთან იხმოს
ყველა ბუსუსი,
ბაბუაწვერას ბუსუსუნები.
ვინც ყველა სიტყვას,
სრულმნიშვნელოვანს და უმნიშვნელოს,
ფუძეს, ძირსა თუ ფესვს უსინჯავს,
გულდაგულ ზვერავს,
რომ ერთ დღეს ყველა მოაგროვოს,
შეაერთოს –
სიკვდილის სუნთქვად,
სიკვდილის სუნთქვად –

July

I blow the dandelion,
send the lightest interjection into space –
ah, oh, vah, uh, eh…
I scatter them.
Heat is such fertile soil,
all the seeds multiply.
This July night…
not even a leaf stirs.
Night drags itself through to dawn.
It's hot enough to melt
the marble statue of Galatea.
The interjections cling to the glass,
bodies with the finest antennae.
I walk, hoping I too
might benefit from those wisps of breath,
because I know there is an eternal someone
who one day, whether I like it or not,
will gather in all the spores,
all the dandelion spores.
He will examine them,
base, stem and root, reckoning
the meaningful and the meaningless.
He is keeping watch, until the day
when he will collect them all,
combine them
into a breath of death,
into a breath of death,
into a giant dandelion.
I blow the dandelion,

უზარმაზარ ბაბუაწვერად.
ბაბუაწვერას სულს ვუბერავ –
უმსუბუქეს შორისდებულებს სივრცეში ვგზავნი –
ვავრცელებ.

send the lightest interjections into space –
I scatter them.

სუფთა წერა

ესეც შენა ხარ,
სახელი გვარი
გამოხედვა ფოტოდან
ყდა, მისამართი,
ათნიშნიანი ნომერი პასპორტის.
მეტალოდეტექტორმა აბა, რა უნდა დაინახოს
რკინის კარის მიჯახუნება თუ
საკეტის ორკაპა ენა,
კიბე,
რომელზეც თავპირისმტვრევით ჩარბოდი?
იქნების, ვიღაც,
ვინც მალებში მარილებს
ნაღმივით გილაგებს,
ისე, როგორც ტექსტში შეცდომებს,
არადა, ახსოვს, თვითონვე სთხოვე,
როდესაც მკაცრი სახით გითხრეს –
არ გრცხვენიათ?
ასე უშეცდომოდ ვერაფრით დაწერდით,
სიტყვა-სიტყვით გადაწერილია.

ჰოდა, ყველაფერი მარტივად მოგვარდა,
მას მერე შენს ნაწერს თეთრიდან აშავებს,
ორთოგრაფიული, ცოტაც აზრობრივი,
ცოტაც სტილისტური
შეცდომით აზავებს,
საზღვარზე ასე უფრო ადვილად გაგიშვებენ –
რა მოხდა, არაფერს აშავებს.

Fair Copy

So this is you:
name and surname,
snapshot,
cover, address,
ten-digit passport number.
What more can the metal detector see?
Can it see the slam of a metal door,
a double lock,
or a staircase
where you ran headlong?
Whoever it is that lays down calcium in your bones
like landmines,
perhaps they also lay down errors in your story.
You asked them to do it, remember,
that time they scolded you –
Have you no shame?
You couldn't possibly have written like that,
you copied it word for word.

So things were easily settled.
They're making a draft from your fair copy,
inserting errors here and there: spelling mistakes,
flaws in meaning and style.
That way, it's easier to get across the border –
no big deal, they're doing nothing wrong.

საფრთხის ქვეშ

მკვდარი ჯერ არა,
გადაშენების საფრთხის ქვეშ ვდგავარ,
იცი, ყოველდღე
ჩემნაირი, უფრო სრულყოფილიც,
უფრო მოქნილი, უფრო ძველი –
რამდენი კვდება.
მე სულ ცოტა იმედი დამრჩა,
რა ეშველებათ ზოგიერთებს
- უმწერლობოებს,
უწარწერო საფლავებს ჰგვანან.
მე საფლავი მაინც მექნება –
ლამაზი ფოტო, მინაწერი –
ყვავილები, გრანიტის ღობე.
ლექსიკონი,
გრამატიკის სახელმძღვანელო.
შინაარსებს წალეკავს წვიმა,
სიტყვებსა და ფორმებს დაალპობს.

ვიღაცა იტყვის:
- გავიდა ენის მატარებელი
 არარსებული კარიდან
და ენის ბოლო მატარებელიც
 იმ სადგურიდან გავიდა.

დარჩება კვალი – ‘გილგამეშიანი’,
 თუნდაც ‘ენეიდა’,
პოეზია – ერთ-ერთია
გადაშენების საფრთხის ქვეშ მდგარი
ენებიდან.

Endangered

I'm not dead yet
but I am threatened by decay.
You know, so many like me
die every day –
some more perfect,
some more supple, or more ancient.
I still have a shred of hope,
but what about others –
those without writing?
Their graves have no inscriptions.
At least I'll have a grave –
inscription, nice picture,
flowers, stone enclosure.
As for the dictionary
and the grammar textbook,
rain will wash out their contents,
words and forms will rot.

Someone will say:
The language carrier has left
through the non-existent door.
The last carriage of the mother tongue
has left the station.

Only the footprint will remain –
Gilgamesh, The Aeneid, maybe.
Poetry too
is an endangered and decaying language.

მეორედ მოსვლა

მკვდარი ენები ცოცხალ ენებს განიკითხავენ.
ბრმა ზედსართავებს თვალს აუხელენ,
პასუხს მოსთხოვენ ყველა იმ ზმნას,
ცოცხალი, თბილი ბაგეები რომ აუღლებენ,
მკვდარი ენები ცოცხალ ენებს განიკითხავენ,
საუკუნეთა სიცივიდან წამოდგებიან
იგრძნობენ ყოფნას, აღიქვამენ მდგომარეობას,
ლექსიკონების სარკოფაგში ჩასვენებულნი...
მკვდარი ენები გაცოცხლდებიან,
პალიმფსესტებს თავს დააღწევენ...
მაგრამ არაფერს აღარ აქვს აზრი,
ვინც წავიდა,
არასდროს მოვა.

The Second Coming

The dead tongues will judge the living.
They will open the eyes of blind adjectives,
demand answers from all those verbs
that are conjugated by warm, living lips.
The dead tongues will judge the living.
They will rise from the cold centuries spent
buried in the tomb of the dictionaries
to sense meaning, feel syntax.
The dead tongues would rise from the dead
if they could, escape their palimpsests…
but nothing makes sense any more.
Once gone,
they can never return.

About the Authors

Diana Anphimiadi is a poet, publicist, linguist and teacher. She has published four collections of poetry: *Shokoladi* (*Chocolate*, 2008), *Konspecturi Mitologia* (*Resumé of Mythology*, 2009), *Alhlokhedvis Traektoria* (*Trajectory of the Short-Sighted*, 2012) and *Chrdilis Amoch'ra* (*Cutting the Shadow*, 2015). Her poetry has received prestigious awards, including first prize in the 2008 Tsero (Crane) literary contest and the Saba literary award for best first collection in 2009. She lives in Tbilisi with her son.

Natalia Bukia-Peters is a freelance translator, interpreter and teacher of Georgian and Russian. She studied at Tbilisi University and she has an MA in Russian and Eurasian Studies at Leiden University, the Netherlands. She is a member of the Chartered Institute of Linguists in London and has worked collaboratively with the PTC since 2013. Her translations have been published both in the UK (Fal Publications, Francis Boutle) and USA (Dalkey Archive). Her most recent poetry books are Diana Anphimiadi's *Beginning to Speak* (PTC, 2018), translated in collaboration with Jean Sprackland, and Salome Benidze's *I Wanted to Ask You* (PTC, 2018), translated in collaboration with Helen Mort.

Jean Sprackland is the author of five poetry collections, most recently *Green Noise* (Cape, 2018). Her collection *Tilt* won the Costa Poetry Award in 2007. She is also an acclaimed prose writer, winning the Portico Prize for Non-Fiction for her book *Strands* (Cape, 2012). Her most recent book is *These Silent Mansions: A life in graveyards* (Cape, 2020), which was shortlisted for the PEN Ackerley Prize. She is Professor of Creative Writing at Manchester Metropolitan University, and was Chair of the Poetry Archive from 2016 to 2020.

FSC
www.fsc.org
MIX
Paper from
responsible sources
FSC® C007785